Herbert Herbst

Schnaps brennen

Vom Ansetzen der Maische bis zum klaren Edelbrand

LUDWIG

Inhalt

Die Herstellung von Schnaps ist seit vielen Jahrhunderten Bestandteil der Kulturgeschichte.

In modernen Destillerien werden heute große Mengen an hochwertigen Schnäpsen und Bränden hergestellt.

Aus vielen Obstsorten lassen sich hervorragende Obstbrände und Ansatzschnäpse herstellen.

Vorwort

Besonders für kleinbäuerliche Betriebe oder begeisterte Hobbygärtner, die viele Obstüberschüsse haben, kann das Brennen von Obstbränden durchaus zu einem kleinen Wirtschaftsfaktor werden.

Schnapsbrennen – dabei denken wir unwillkürlich an unwegsame Täler im Herzen Tennessees, an selbst gezimmerte Brennöfen, aus denen hochprozentiger Whiskey tropft, oder an das heimliche Brennen von Korn in abgelegenen Schuppen und verdunkelten Kellern, wie es auch bei uns nach dem Krieg geschah. Und übt nicht heute noch der Gedanke an selbst gebrannten Schnaps eine geradezu magische Anziehung auf uns aus?

Segen und Fluch des Alkohols

Die Kunst der Herstellung von edlen Bränden gehört schon seit Urzeiten zur Kulturgeschichte der Menschheit. Unzählige Schlachten wurden unter dem Einfluss von Alkohol gewonnen und wieder verloren. Große Reichtümer wurden mit Branntweinmonopolen angehäuft, um dann im Rausch wieder verspielt zu werden. Die Eigenschaft des Alkohols, medizinische Kräuter zu konservieren, und seine desinfizierende Wirkung haben wohl ebenso viele Menschenleben gerettet, wie sein unkontrollierter Konsum Existenzen zerstört hat. Keine andere kulturelle Errungenschaft der Menschheit ist so augenfällig und eng mit dem Gebot der freien Wahl des Menschen verknüpft wie der Alkohol, nämlich sich entweder mit Hilfe des Alkohols »gehen zu lassen« oder seine heilende und auch inspirierende Kraft sinn- und maßvoll zu nutzen.

Ein Buch für Genießer

Dieses Buch wendet sich an alle, die einen edlen Obstbrand lieben und sich näher mit der Theorie und Praxis des Schnapsbrennens beschäftigen möchten. Dazu gehören vor allem historische und moderne Brenntechniken, die einfach und anschaulich beschrieben werden und so das Basiswissen für diejenigen bilden, die mit dem Gedanken spielen, Obst aus eigenem Anbau selbst zu brennen. Ebenso finden interessierte Laien im Einführungsteil dieses Ratgebers u. a. einen kleinen Wegweiser durch den Dschungel der Alkoholverordnungen und -gesetze sowie Hinweise auf die Schritte, die sie unternehmen müssen, um eine der leider sehr raren Lizenzen zum Brennen von Alkohol zu erhalten. Im Adressenteil am Ende des Buches schließlich ist eine Liste der Institutionen zusammengestellt die Informationen und Beratung rund um das Thema »Schnapsbrennen« bieten.

Dieser Ratgeber versteht sich als Einstieg in die Schnapsbrennerei, vermittelt das notwendige Grundlagenwissen und will die »Lust auf mehr« wecken. Eine wirklich umfassende Darstellung der Kunst des Schnapsbrennens mit ihren zahlreichen, zum Teil hochkomplizierten chemischen und technischen Abläufen würde jedoch den Rahmen eines Buches sprengen. Denn gerade das Brennen von Schnaps oder Whiskey ist eine Kunst, die zum großen Teil von der Erfahrung und dem Fingerspitzengefühl des Brenners lebt. Diese Erfahrung lässt sich letzten Endes nur durch jahrelange Übung erwerben und kann deshalb auch nicht durch ein Buch vermittelt werden.

Noch eine wichtige Anmerkung: Die einfachen und effektiven Methoden der in diesem Ratgeber beschriebenen Haus- und Schwarzbrennverfahren werden vorgestellt, weil sie den Vorgang des Brennens besonders anschaulich darstellen. Sie sind jedoch keineswegs als Aufforderung zum Schwarzbrennen zu verstehen, zumal unsachgemäß durchgeführte Brände oft stark schädliche Rückstände enthalten, so genannte Fuselstoffe, mit denen Sie Ihre Gesundheit ernsthaft gefährden können!

Gerade das Brennen von Schnaps und Whiskey ist eine Kunst, die zu einem großen Teil von der Erfahrung und dem Fingerspitzengefühl des Brenners lebt.

Wem der Weg zum Obst- oder Kornbrand aus eigener Brennerei zu umständlich ist, der findet in diesem Ratgeber eine Reihe von reizvollen Rezepten für Ansatzschnäpse und -liköre, die sogar von Anfängern schnell und unkompliziert in der eigenen Küche hergestellt werden können. Als kleine optische und ästhetische Anregung finden Sie außerdem am Ende des Buches ein Kapitel über verschiedene Abfüllmöglichkeiten, Flaschenformen und Etiketten, damit Ihre wertvollen Obstbrände auch in der äußeren Präsentation ihrem gehaltvollen und feinen Geschmack in nichts nachstehen.

Im Mittelalter war die Alkoholherstellung fest in der Hand der Mönche.

Blick in die Geschichte

Seitdem es unseren Vorfahren in grauer Vorzeit zum ersten Mal gelungen war, ein alkoholisches Getränk herzustellen, ist Alkohol aus der Geschichte der Menschheit nicht mehr wegzudenken. Anzunehmen ist, dass bei der Entdeckung des Alkohols »Freund Zufall« eine große Rolle gespielt hat. Irgendwann und irgendwo wird jemand vergorenen Traubensaft getrunken und sich über die berauschende Wirkung gewundert (und gefreut) haben.
Sicher belegt ist, dass die Sumerer bereits um 4000 v. Chr. die Herstellung von Bier und Wein beherrschten. Wann und wo ein findiger Mensch das »Brennen« von Wein, also das gezielte Verstärken des Alkoholgehaltes durch kontrollierte Kondensation, entdeckt hat, lässt sich jedoch nicht mit Bestimmtheit sagen. Man nimmt an, dass das Destillieren bereits in den ersten Jahrhunderten n. Chr. in Alexandria bekannt war. Von den Ägyptern dürften die Araber die Brenntechnik übernommen haben, die ihre Kenntnis wiederum an die Kreuzfahrer weitergaben. Diese brachten die Kunst des Destillierens schließlich mit zurück in ihre europäischen Heimatländer.

In Europa wurde Wein vermutlich erstmals im 12. und 13. Jahrhundert durch Erhitzen und Kondensation »eingebrannt«, ein Vorgang, der dem Alkohol seinen bis heute gebräuchlichen Namen »Branntwein« einbrachte.

Der Siegeszug des Branntweins

In Europa brannte man Wein vermutlich erstmals im 12. oder 13. Jahrhundert – ein Vorgang, der dem Alkohol seinen bis heute gebräuchlichen Namen »Branntwein« oder »Weingeist« einbrachte. Zunächst nahmen sich die Mönche des berauschenden Mitbringsels aus dem Heiligen Land an, denn wegen der exponierten Macht der Kirchen im Mittelalter besaßen sie zunächst das alleinige Monopol auf die Herstellung von Branntwein. Im Gegensatz zu der schon alten Tradition des Bierbrauens nutzten die Mönche den Branntwein weniger als Genussmittel, sondern vielmehr als Heilmittel, dem je nach gewünschter Wirkung verschiedene Kräuter beigemischt wurden.

Je mehr im Laufe der Geschichte weltliche Herrscher die Allmacht der mittelalterlichen Kirche infrage stellten, desto mehr wurde der Branntwein auch zum Forschungsgegenstand von Apothekern, Medizinern und Alchimisten: Große Gelehrte wie der Deutsche Albertus Magnus oder der Mallorquiner Raymundus Lullus befassten sich intensiv mit der Herstellung und Anwendung von Weingeist. Allerdings gab es zu dieser Zeit die Bezeichnung »Alkohol« noch nicht. Sie wurde erst später von Paracelsus geprägt, der bei der Bildung dieses Begriffes die arabischen Worte »al ko hul« verwendete, was so viel wie »etwas außergewöhnlich Reines« bedeutet. Die Flüchtigkeit des Alkohols, seine Reinheit sowie seine hervorragende Eigenschaft als Konservierungs- und Desinfektionsmittel rückten den destillierten Alkohol für die Gelehrten des Mittelalters in die Nähe des »Geistes«, denn auch der Geist, wie man ihn zu definieren pflegte, war unsichtbar und in seiner Reinheit und Flüchtigkeit nicht an die Materie gebunden. Diese weltanschauliche Prägung durch die Gelehrten ist bis heute mit dem Begriff der »Spirituosen« für alkoholhaltige Getränke verbunden, der sich aus dem lateinischen Wort für »Geist«, nämlich »spiritus«, herleitet. Im Gegensatz zu dem eher den Nahrungsmitteln zugeordneten Bier galt Branntwein also als ein rein »geistiges« Getränk.

Dem gebrannten Wein oder dem »Geist im Wein«, wie der Alkohol auch genannt wurde, schrieb man wahre Wunderkräfte zu. Lange Zeit war er für alle nicht erklärbaren Krankheiten das Allheilmittel.

Nicht nur Mönche, sondern auch Apotheker, Alchimisten und berühmte Gelehrte widmeten sich der Herstellung und der Anwendung von Weingeist.

Vom geistigen Getränk zur Volksdroge

Im Lauf der Geschichte hat es immer wieder Versuche gegeben, den Genuss von Alkohol unter Androhung von Strafen ganz zu verbieten, um die »Gesundheit des Volkes« zu bewahren.

Welch großen Einfluss der Alkohol auf die Geschichte der Menschheit hatte und immer noch hat, entzieht sich jedem Versuch einer umfassenden Darstellung. Kleine historische Anekdoten und die Geschichte von der Entstehung verschiedener Alkoholgesetze lassen nur ahnen, wie oft Alkohol bei historischen Ereignissen im positiven wie im negativen Sinn der unsichtbare Dritte gewesen ist. Fest steht nur, dass die Wirkung des destillierten Alkohols sehr bald nicht nur zur Heilung von Krankheiten genutzt wurde, sondern auch dafür, in aller Stille oder in größerem Kreis ein oder auch mehrere Gläschen zu heben. So legten etwa die alten Ägypter bei ihren feuchtfröhlichen Herrenrunden einen äußerst schwarzen Humor an den Tag. Sie pflegten einen Sarg mit einem hölzernen Leichnam an den Gästen vorbeizutragen und dieses Ritual mit den Worten zu begleiten: »Iss, trink und sei fröhlich, denn bald wirst du so sein wie dieser hier.« Einer weiteren alten Überlieferung zufolge schaffte sich die Stadt Nürnberg extra einen alten Karren an, um ihre hoffnungslos betrunkenen Bürger nach Hause oder in die Arrestzelle zu transportieren.

Ihren entscheidenden Aufschwung nahm die Schnapsbrennerei, als der Kurfürst von Brandenburg einigen flämischen Bauern nicht nur Asyl, sondern auch Glaubens- und Gewerbefreiheit gewährte, denn die Flamen verstanden es bereits, aus Korn Schnaps herzustellen. Damit war das bis dato allgemein respektierte Alkoholmonopol der Mönche, Alchimisten und Apotheker gebrochen – die Kunst des Brennens wurde zum Volkswissen und damit auch zu einem schnell wachsenden Wirtschaftsfaktor. Als nur wenig später der trostlose und nicht enden wollende Dreißigjährige Krieg begann, fand der nun in großen Mengen produzierte Alkohol unter den Söldnern und Kriegsherren einen riesigen Absatzmarkt. Inwieweit jedoch der erstmalig in der Geschichte von weiten Teilen der Bevölkerung massenhaft konsumierte Alkohol eine tragende Rolle hinsichtlich der Länge und Grausamkeit dieses Krieges gespielt hat, bleibt eine zwar interessante, aber nicht zu beantwortende Spekulation.

Frühe Brenntechniken

Die ersten Brennöfen, von denen man in alten Schriften noch Abbildungen finden kann, wurden im Volksmund wegen ihrer Ähnlichkeit mit den spitzen, glockenförmigen Kopfbedeckungen der vornehmen Damen dieser Zeit auch »Rosenhut« genannt. Sie bestanden lediglich aus einer Feuerstelle, einem Topf und kegelförmigen Aufsätzen, deren untere Ränder nach innen zu einer Rinne gebogen waren und einen Abfluss besaßen. Zum Brennen wurde der Ausgangsstoff im Topf erhitzt, wodurch die flüchtigen Bestandteile verdunsteten und in den auf den Topf gestülpten Kegeln nach oben stiegen. Durch die kühle Außenluft kondensierte der Alkohol an den Kegelwänden und rann anschließend nach unten über die Auffangrinne in bereitgestellte Gefäße. Schon bald wurde die unrentable Luftkühlung allerdings durch die wesentlich effektivere Wasserkühlung ersetzt, und als Nächstes folgte das Geistrohr, das die Alkoholdämpfe aus den Hüten in die Auffanggefäße leitete. Von da an dauerte es nicht mehr lange, bis die noch heute gebräuchliche Technik des Brennens mit Heizung, Blase, Hut, Geistrohr und Kühler entwickelt war.

Das Brennen mit einem Rosenhut behielt man bei, bis Pistorius 1815 ein Gerät entwickelte, das zur Grundlage für die spätere industrielle Herstellung von Alkohol werden sollte.

Auch heute noch werden in manchen ländlichen Gegenden die uralten Brenntechniken verwendet.

Alkohol und Gesetz

Eine moderne Brennanlage ist heute eine wichtige Grundvoraussetzung für die Wirtschaftlichkeit.

Schon früh erkannte die stets nach einträglichen Geschäften Ausschau haltende Obrigkeit das wirtschaftliche Potential, das in dem Produkt Alkohol steckte. Als der Alkohol zum begehrten Volksgut wurde, stieg auch das Interesse der jeweiligen Landesherren, kräftig am steigenden Umsatz der Brennereien mitzuverdienen. So wurde im 15. Jahrhundert die Branntweinsteuer erfunden, die in leicht veränderter Form bis heute Bestandteil der allgemeinen Steuer ist.

Ohne Steuern geht gar nichts

Zunächst wurde die Branntweinsteuer als Ungeld, Akzise, Torzoll oder Schankaufschlag erhoben, wobei sich der Name der Steuer nach dem jeweiligen Standort richtete, an dem sie erhoben wurde. In Preußen vereinfachte man schließlich die verschiedenen Berechnungsgrundlagen und besteuerte ab Anfang des 19. Jahrhunderts nur noch den für das Brennen benötigten Maischeraum. Diese Berechnungsmethode bildete auch die Grundlage für die Branntweinsteuer, wie sie unbeschadet von Jahren und Regierungsformen in ihren Grundzügen bis heute erhalten geblieben ist. Sie wurde lediglich immer wieder überarbeitet, ergänzt und in neuester Zeit an die EU-Richtlinien angepasst.

Durch die Alkoholsteuer ist der Staat Mitverdiener an allen in Deutschland eingeführten bzw. produzierten Alkoholika. Auch das Brennen nur für den eigenen Bedarf muss dem Zollamt gemeldet werden.

Gesetzliche Definition von Alkohol

Als Spirituosen im gesetzlichen Sinne gelten Getränke mit einem Mindestalkoholgehalt von 15 Volumenprozent, die zum Verzehr bestimmt sind und aus landwirtschaftlichen Produkten durch Gärung und anschließende Destillation gewonnen werden. An diesen Getränken ist der Staat rechtmäßiger Mitverdiener, so dass jeder, der unangemeldet Alkohol brennt, zum Steuersünder wird, selbst dann, wenn er den

Alkohol nur für den eigenen Bedarf herstellt. Bier und Wein, deren Alkoholgehalt unter der 15-Prozent-Grenze liegt, können dagegen ohne Besteuerung und ohne amtliche Genehmigung bis zu einer bestimmten Quantität für den eigenen Bedarf hergestellt werden. In Deutschland, Österreich und der Schweiz besitzt der Staat das Monopol für die Branntweinherstellung.

Durch den hohen Zuckergehalt von Marmeladen und Fruchtsäften würde sich die Alkoholausbeute gegenüber naturbelassenen Früchten erhöhen, daher dürfen sie laut Gesetz zum Brennen nicht verwendet werden.

Welche Ausgangsstoffe sind zum Brennen zugelassen?

Nicht alle Obstsorten sind zum Brennen von Schnaps zugelassen. Als Faustregel gilt, dass alle heimischen naturbelassenen Obst- und Beerensorten sowie verschiedene Wurzeln und Samen für die Weiterverarbeitung verwendet werden dürfen. Exotische Früchte wie Orangen, Feigen und Bananen sind dagegen als Grundstoffe zum Brennen nicht erlaubt. Ebenfalls verboten sind Fertigprodukte aus Früchten, denen Zucker zugesetzt wurde, wie dies bei Marmeladen und Konfitüren, Fruchtsäften oder Dessertweinen der Fall ist.
Weiterhin gilt, dass die Ausgangsstoffe »selbst gewonnen« sein müssen. Das bedeutet, dass Sie Eigentümer oder Pächter eines Obst- oder Kleingartens sein müssen bzw. das Obst als Nutznießer ernten dürfen. Beerenfrüchte müssen selbst oder im Auftrag des Verfügungsberechtigten gesammelt worden sein.

Früchte, die gebrannt werden dürfen

- Alle einheimischen Stein- und Kernobstarten wie Pflaumen, Kirschen, Mirabellen, Äpfel oder Birnen
- Alle einheimischen, wild wachsenden Beerenobstarten wie Himbeeren, Johannisbeeren, Brombeeren oder Heidelbeeren
- Alle einheimischen Wurzeln und Getreidearten wie Enzian, Weizen, Roggen oder Halmrüben
- Produkte, die dem Weingesetz unterliegen, wie Most, Beerenobstweine, Trauben- und Obstweine

Wer darf brennen?

Im Gegensatz zum Bierbrauen oder Weinkeltern dürfen Sie Schnaps nicht ohne Genehmigung brennen, auch nicht für den eigenen Bedarf! Schnaps ist entsprechend der auf Seite 10f. erwähnten gesetzlichen Definition Alkohol und unterliegt aus diesem Grund steuerlichen Abgaben, die sich der Staat natürlich nur ungern entgehen lässt. Auch mit jeder Flasche Alkohol, die Sie im Supermarkt kaufen, zahlen Sie so genannte indirekte Steuern, die im Preis enthalten sind und an den Staat abgeführt werden. Der Staat besitzt das Monopol für die Branntweinherstellung und muss deshalb – um es salopp auszudrücken – gefragt werden, ob er auch anderen erlaubt, Alkohol zu produzieren. Diese Regelung gilt sowohl für Deutschland als auch für Österreich und die Schweiz.

Mit jeder Flasche Alkohol (über 15 Prozent), die Sie im Supermarkt erstehen, zahlen Sie so genannte indirekte Steuern, die bereits im Verkaufspreis enthalten sind.

- In Deutschland müssen Sie, wenn Sie genaue Informationen über die gesetzlichen Bestimmungen zum Brennen von Branntwein benötigen, das »Branntweinmonopolgesetz« bei Ihrem zuständigen Zollamt anfordern, in dem die Durchführungsbestimmungen sowie die Brennereiordnung und die Alkoholverordnung geregelt sind.
- In Österreich wurde nach dem Beitritt zur EU 1995 das Gesetz über »Alkohol-, Steuer- und Monopolgesetz« zum Brennen von Schnaps neu geregelt. Sie erhalten es bei den Zollämtern.
- In der Schweiz ist die Herstellung von Alkohol im »Bundesgesetz über die gebrannten Wasser« (kurz »Alkoholgesetz« genannt) und im »Bundesgesetz über die Konzessionierung der Hausbrennerei« (kurz als »Hausbrennereigesetz« bezeichnet) geregelt. Dazu kommt noch ergänzend die »Vollziehungsverordnung zum Alkohol- und Hausbrennereigesetz«.

Höherprozentiger Alkohol wird zwar in der Regel in Brennereien erzeugt, die von Privatpersonen betrieben werden, das Brennen unterliegt jedoch in jedem Fall immer der staatlichen Aufsicht. Kleinere Mengen Rohstoff – und nur diese sollen hier betrachtet werden – werden in so genannten Kleinbrennereien destilliert, den Abfindungs- oder Verschlussbrennereien.

Abfindungsbrennerei

Als »Abfindungsbrennereien« werden Betriebe bezeichnet, die Obst steuerbegünstigt zu Alkohol brennen und den Alkohol gegen einen festgelegten Übernahmepreis an die Monopolverwaltung – also an den Staat – liefern. Voraussetzung hierfür ist, dass sie nicht mehr als 300 Liter Alkohol pro Jahr selbst produzieren. Bei der Abfindungsbrennerei brauchen die Brennanlagen im Gegensatz zu den Verschlussbrennereien nicht amtlich versiegelt zu werden, da die Alkoholmenge anhand der verarbeiteten Rohstoffmengen rechnerisch im Voraus festgelegt wird.
Die Genehmigung für den Betrieb einer Abfindungsbrennerei ist leider nur schwer zu erhalten, da die hierfür erforderlichen Lizenzen alle vergeben sind und neue nur dann ausgestellt werden, wenn alte zurückgegeben werden. Zuständig für die Vergabe sind die Oberfinanzdirektionen. Die endgültigen Genehmigungen stellen die Hauptzollämter aus.

Nähere Auskünfte zur Eröffnung einer Verschluss- oder Abfindungsbrennerei erhalten Sie bei der staatlichen Monopolverwaltung in Offenbach oder bei den zuständigen Hauptzollämtern.

Verschlussbrennerei

In Verschlussbrennereien wird der Alkohol unter Zollverschluss destilliert, was so viel bedeutet, dass die Brennanlage von Amts wegen verplombt wird und so gegen Manipulation von außen gesichert ist. Der erzeugte Alkohol ist nicht steuerbegünstigt und hat zudem den Nachteil, dass er nicht zu festgelegten Preisen an die Monopolverwaltung abgegeben werden kann. Das bedeutet, er muss von dem jeweiligen Verschlussbrenner selbst vermarktet werden.
Wenn Sie eine Verschlussbrennerei betreiben wollen, müssen Sie dies dem zuständigen Hauptzollamt melden. Der Anmeldung müssen Zeichnungen der Betriebsräume, der Branntweingewinnungs- und der -reinigungsanlage sowie Angaben über die zu verarbeitenden Rohstoffe beigefügt werden. Die Anmeldung sollte in jedem Fall vor dem Bau der Brennerei erfolgen, damit Sie alle strittigen Punkte mit dem Hauptzollamt im Vorfeld klären können und so unnötige spätere Geldausgaben vermeiden.

Auch mit einer einfachen Brennanlage lässt sich ein hochwertiger Brand erzeugen.

Das Prinzip des Brennens

Bevor wir im weiteren Verlauf des Buches unseren Streifzug durch die Vergangenheit und Gegenwart der Techniken des Schnapsbrennens fortsetzen, möchte ich Ihnen zuerst eine kurze schematische Einführung in die Grundprinzipien des Brennens geben, damit Sie die in diesem Ratgeber behandelten historischen Brenntechniken bzw. die Verfahren zur Herstellung von Spezialbränden besser verstehen und nachvollziehen können.

Das Prinzip der Alkoholherstellung ist in seinem Ursprung der Natur abgeschaut, die Alkohol ohne menschliche Hilfe zu produzieren vermag. Verantwortlich hierfür sind winzige, überall in der Natur vorkommende Hefezellen. Sobald ihnen eine feuchte, warme Umgebung gute Lebensbedingungen bietet, spalten sie zuckerhaltige Stoffe in Alkohol und Kohlendioxyd auf. Bekannt ist seit Urzeiten nicht nur bei Menschen, sondern auch bei Tieren, dass gärendes Obst Alkohol enthält und eine berauschende Wirkung hat. Viele Tierarten nutzen diese Laune der Natur, um alljährliche, oft ziemlich kurios anmutende »Besäufnisse« mit vergorenem Obst zu veranstalten.

Die hier beschriebenen Grundprinzipien des Brennens werden Ihnen später helfen, die im Buch behandelten historischen Brenntechniken und die Verfahren bei Spezialbränden besser zu verstehen und nachzuvollziehen.

Unter dem Brennen von Alkohol versteht man ein Verfahren, mit dessen Hilfe der Alkoholgehalt einer alkoholhaltigen Flüssigkeit, wie beispielsweise der bereits erwähnten vergorenen Fruchtsäfte, systematisch gesteigert wird. Dies geschieht, indem die Flüssigkeit erhitzt wird. Dabei verdampft der flüchtige Alkohol und schlägt sich durch Kondensation in den bereitgestellten Apparaturen nieder. Je geringer der Alkoholgehalt des Ausgangsmaterials ist, desto öfter muss der Kondensationsvorgang wiederholt werden, um einen hohen Alkoholgehalt zu erzielen.

Die Kunst, einen hochwertigen Brand herzustellen, besteht also in der Wahl des richtigen Ausgangsstoffs, einer korrekten Gärung, einer guten Brennvorrichtung und dem Vorgang des Brennens selber.

Geeignete Rohstoffe

Gebrannt werden kann nahezu jede alkoholische Flüssigkeit oder solche Stoffe, die durch Gärung eine alkoholhaltige Flüssigkeit entwickeln. In Deutschland sind dies vorwiegend Getreide und Kartoffeln, alle Früchte wie Äpfel, Birnen oder Pflaumen, sämtliche Beeren wie Himbeeren, Johannisbeeren, Brombeeren oder Schlehen sowie Obstsäfte, Weine und Trester.

Alle Stoffe, die durch den Vorgang der Gärung in eine schwach oder stark alkoholhaltige Flüssigkeit umgewandelt werden können, eignen sich zum Brennen.

Alkoholische Gärung

Rohstoffe wie Getreide, Kartoffeln, Früchte und Säfte müssen zunächst vergoren werden, bevor sie gebrannt werden können. Bei der alkoholischen Gärung werden die in den Rohstoffen enthaltenen Zucker durch natürliche Hefen in Alkohol und Kohlendioxyd umgewandelt. Dieser Vorgang wird für eine wirtschaftliche Nutzung durch gezielte Zugaben von Reinzuchthefen gesteuert, die den Gärungsvorgang beschleunigen. Dieser Gärungsvorgang lässt sich sehr gut anhand der Kohlendioxydentwicklung verfolgen, d. h., die Schaumbil-

In Deutschland sind Früchte, wie Birnen, Aprikosen, Kirschen und Pflaumen, beliebte Rohstoffe zur Bereitung von Obstbränden.

dung im Gärbehälter und das Blubbern im Gäraufsatz zeigen die Bildung von Kohlendioxyd und damit auch das Entstehen von Alkohol an. Zu Anfang der Gärung ist diese Kohlendioxydentwicklung immer besonders stark, weshalb man auch von der stürmischen Gärungsphase spricht. Je weiter die Gärung dann fortschreitet und je mehr Zucker aus dem Rohstoff in Alkohol umgewandelt worden ist, desto weniger Gase entstehen, und das Blubbern im Gäraufsatz wird schwächer. Ist schließlich der ganze Zucker gespalten, hört das Blubbern vollständig auf, und die so genannte Maische, ist fertig zum Brennen.

Je weiter die Gärung fortschreitet und je mehr der Zucker des jeweiligen Rohstoffes in Alkohol umgewandelt worden ist, desto weniger Gase entstehen. Fertig vergorene Maische blubbert nicht mehr.

Die Brennanlage

Zum Brennen wird eine Brennanlage benötigt, die aus einem Brennofen mit Feuerstelle besteht, mit der die Maische oder die alkoholische Flüssigkeit gleichmäßig erhitzt werden kann, einer Brennblase, in die die Maische gefüllt wird, einem Helm oder Hut, in dem der aufsteigende Dampf gesammelt wird, einem Steig- oder Geistrohr, in dem der Alkohol kondensiert, und einem Kühler, in dem sich der Alkohol sammelt und abkühlt.

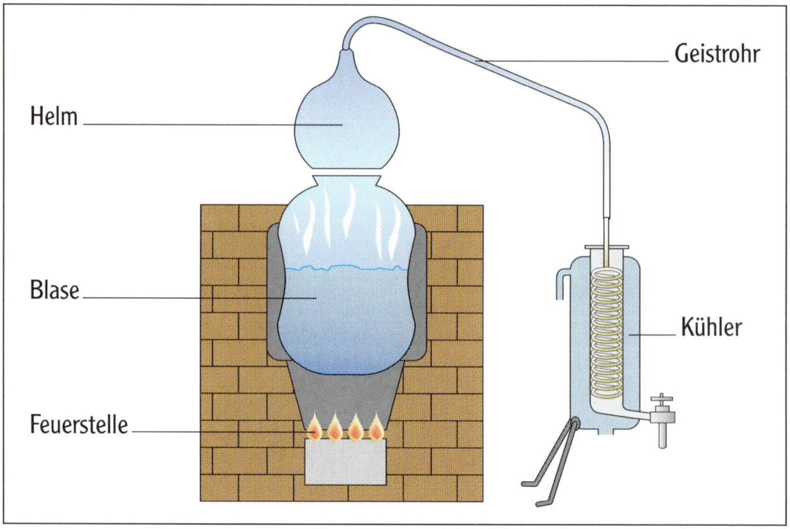

Eine einfache Brennanlage, wie Sie sie in der nebenstehenden Grafik sehen, ist ausreichend für die Herstellung hochwertiger Brände.

Der Brennvorgang

Kein Brennvorgang – er dauert in der Regel zwei bis zweieinhalb Stunden, gleicht dem anderen, sondern variiert je nach Ausgangsmaterial, Brennanlage und Qualitätsanforderung an das Endprodukt. Bei einfachen Brennanlagen wird in zwei Durchgängen gebrannt: Der erste Durchgang ergibt den so genannten Roh- oder Raubrand, der zweite Durchgang wird Feinbrand genannt. Der Feinbrand untergliedert sich wiederum in Vor-, Mittel- und Nachlauf, wobei aus dem Mittellauf das Endprodukt, der trinkbare Brand, gewonnen wird.

Sie sollten den Raubrand nur verkosten, wenn Sie ihn vorher mit Wasser verdünnt haben, da sein stechender, fuselartiger Geschmack sehr unangenehm ist.

Der Raubrand

Die Maische wird in die Brennblase gefüllt und gleichmäßig erhitzt, so dass der Alkohol zusammen mit den anderen in der Maische enthaltenen flüssigen Substanzen verdampft. Dieser Dampf sammelt sich im Helm der Brennanlage. Ein Teil des Dampfes schlägt sich dabei an den Wänden des Helms nieder und läuft wieder zurück in die Blase. Der größere Teil wird jedoch über das Geistrohr in den Kühler umgeleitet, wo der Dampf kondensiert und sich sammelt. Diese im Ablauf aufgefangene Flüssigkeit besitzt je nach Alkoholgehalt des Ausgangsmaterials 17 bis 25 Volumenprozent Alkohol. Da sich neben dem erwünschten reinen Äthylalkohol noch andere, für den menschlichen Organismus zum Teil schädliche Substanzen (Fuselstoffe) in der Flüssigkeit befinden, wird dieser Brand als Roh- oder Raubrand bezeichnet. Ein solcher Raubrand sollte nur mit Wasser verdünnt verkostet werden, da sein stechender Geschmack sehr unangenehm ist.

Der Feinbrand

Das Feinbrennen dient dazu, aus dem groben Raubrand ein qualitativ hochwertiges Destillat herzustellen. Bei diesem Vorgang wird der

Alkoholgehalt der Flüssigkeit erhöht, und die den Geschmack negativ beeinflussenden Stoffe werden ausgeschieden. Um dies zu erreichen, wird der Raubrand in Fraktionen, d. h. in Vor-, Mittel- und Nachlauf aufgeteilt. Im Vor- und Nachlauf sind noch bzw. wieder schädliche Stoffe enthalten, während der Mittellauf den hochwertigen Brand ergibt. Die Kunst des Brennens besteht nun darin, den Raubrand möglichst aromaschonend und -fördernd abzubrennen und das Destillat zum richtigen Zeitpunkt in die drei Fraktionen aufzuteilen. Hier sind nicht nur eine gute Technik und Ausstattung wichtig, sondern auch und vor allem die Erfahrung und der Instinkt eines guten Brennmeisters! Denn wird auch nur ein wenig zu früh von Vor- auf Mittellauf oder geringfügig zu spät auf Nachlauf umgeschaltet, kann der gesamte trinkbare Brand, der aus dem Mittellauf gewonnen wird, vollständig ruiniert werden.

Der Vorlauf

Bei der ersten Stufe des Feinbrandes, dem Vorlauf, wird der Raubrand wieder in die Brennblase gefüllt und sehr vorsichtig erhitzt, um leichtflüchtige und aromaschädigende Stoffe wie Azetaldehyde oder Essigester auszuscheiden. Heizt man jetzt zu schnell an, d. h., erzeugt man in kurzer Zeit zu viele alkoholische Dämpfe, besteht die Gefahr, dass zusammen mit den Fuselstoffen auch wertvolle Aromastoffe mit dem Dampf in den Vorlauf gelangen. Als Faustregel für den richtigen Zeitpunkt gilt, dass das Destillat des Vorlaufes nach etwa einer Stunde tropfenweise zu laufen beginnen sollte.

Der Begriff »Umschalten« von Vor- auf Mittel- und Nachlauf bedeutet lediglich, dass ein neues Gefäß zum Auffangen des Destillats unter den Ablauf bereitgestellt wird.

Der Mittellauf

Das Umstellen von Vor- auf Mittellauf ist die heikelste Phase des Brennens. Den richtigen Zeitpunkt hierfür kann man in der Regel nur ermitteln, indem man das Destillat während des Laufens immer wieder probiert oder, wie es in der Fachsprache heißt, »verkostet«. Während des Mittellaufs ist es wichtig, dass der Raubrand in der Brennblase langsam und gleichmäßig abgebrannt wird. Die Blase darf deshalb nur

mit stets gleich bleibender mäßiger Temperatur beheizt werden, da sonst unerwünschte Stoffe in den Mittellauf gelangen und das Aroma schädigen würden. Der Alkoholgehalt des Mittellaufs liegt je nach Rohstoff bei 70 bis 90 Volumenprozent Alkohol.
Auch die Trennung von Mittel- und Nachlauf ist nur durch ständiges Verkosten zu ermitteln, indem man immer wieder Proben des Destillats auffängt, gegebenenfalls mit Wasser verdünnt und durch Riechen und Schmecken testet. So lässt sich am ehesten verhindern, dass Fuselstoffe in das wertvolle Destillat gelangen. Der richtige Zeitpunkt zum Umschalten auf den Nachlauf ist erreicht, wenn man beim Verkosten einen fuselartigen, faden Geschmack wahrnimmt.

Der Zeitpunkt, zu dem auf Mittellauf beginnt, wird durch Verkosten der Vorlaufes ermittelt. Schmeckt er einwandfrei, kann auf Mittellauf umgeschaltet werden.

Der Nachlauf

Im Gegensatz zu Vor- und Mittellauf kann der Nachlauf schneller abgebrannt werden, da er keinen Einfluss mehr auf die Qualität des Brandes hat. Er umfasst etwa 25 Prozent des Raubrandes, hat je nach Ausgangsmaterial einen durchschnittlichen Alkoholgehalt von 15 bis 25 Volumenprozent und enthält unerwünschte Substanzen wie Fuselöle, Fettsäuren und Ester.

Es gibt spezielle, hauptberufliche Verkoster, die das Destillat immer wieder probieren, damit der richtige Zeitpunkt zum Umstellen nicht versäumt wird. Nur so wird eine gute Qualität gewährleistet.

Whiskeybrennen nach Moonshiner Art

In den Bergregionen der Apalachen und Rocky Mountains war eine Kontrolle des Schwarzbrennens von Whiskey nicht möglich.

Je strenger die Politik eines Staates in Bezug auf den Alkoholkonsum seiner Bürger ist, desto mehr Menschen erliegen naturgemäß der Versuchung, das begehrte und teure Getränk unter Umgehung der staatlichen Kontrollen »schwarz« zu brennen.

Es gibt wohl kein Land auf der Welt, in dem das heimliche Brennen von Whiskey zeitweilig so weit verbreitet war wie in den USA. Ihren Höhepunkt erreichte die Kultur des Schwarzbrennens ohne Zweifel in den zwanziger Jahren des 20. Jahrhunderts, nachdem Feministinnen – die so genannten Suffragetten – per Gesetz das völlige Verbot von Alkoholkonsum und -verkauf durchgesetzt hatten. Zwar war das Schwarzbrennen auch davor in den Staaten schon immer verboten und wurde hart bestraft, eine nachhaltige polizeiliche Überwachung dieses Verbotes war jedoch gerade in den dünn besiedelten, stark bewaldeten und weitläufigen Bergregionen der Apalachen und Rocky Mountains kaum möglich.

Beim »Moonshining« wurde der Whiskey früher heimlich und zumeist bei Nacht in den abgelegenen Bergregionen der USA gebrannt . Die Brenner wurden »Moonshiner« genannt.

Zwar hat sich die Lage in den USA seit den dunklen Zeiten der Prohibition drastisch geändert – jede Art von Alkohol ist längst überall zu erschwinglichen Preisen in den speziellen »Liquor Stores« erhältlich, und die Überwachungsmöglichkeiten des Staates haben sich technisch sehr verbessert –, doch gibt es auch in unseren Zeiten immer noch »Moonshiner«, d. h. Menschen, die heimlich »im Schein des Mondes« Whiskey brennen und auf diese Weise dem Argusauge der Steuerfahnder zu entgehen hoffen. So beklagte z. B. die Kommission für Kriminalität des Staates Georgia noch vor rund 30 Jahren, dass es in ihrem Staat nach wie vor rund 750 illegale Brennereien gäbe, die jährlich etwa 750 000 Gallonen (1 Gallone = 3,8 Liter) Maische zu Alkohol destillierten und dadurch dem Staat Georgia ungefähr 19 Millionen Dollar bzw. der Bundesregierung rund 52 Millionen Dollar an Steuergeldern entzögen.

Moonshining – eine Kunst

Für diese klassische Art des Whiskeybrennens gab es viele unterschiedliche Brennverfahren, wobei jeder Moonshiner sein eigenes, ganz spezifisches Verfahren entwickelt hatte, das er wie ein Staatsgeheimnis hütete und nur innerhalb der Familie weitervererbte. Die Vielzahl der verschiedenen Methoden, die meist nur in Nuancen variierten, und der Wettbewerb der Moonshiner untereinander, den besten Whiskey zu erzeugen, führten zu einer hervorragenden Qualität des schwarz gebrannten Whiskeys.
Ich selbst habe auf meinen Reisen durch die Südstaaten mit einigen Männern gesprochen, die in ihrer Jugend Whiskey noch selbst gebrannt haben. Sie erzählten mir, dass solche Qualitätsbrände, wie sie früher destilliert wurden, heute nicht mehr zu finden sind – jedenfalls ganz sicher nicht in den Geschäften! Und die Proben, die ich hier und da einmal kosten durfte, machten mir schnell klar, dass dieses Selbstlob keineswegs übertrieben war. Hinzu kam, dass selbst produzierter Alkohol früher nicht nur aus Genussgründen qualitativ äußerst hochwertig sein musste, denn in den Tagen, in denen die medizinische

Alkohol war in den schwer zugänglichen Gebieten der USA ein wichtiges medizinisches Selbsthilfemittel und musste schon aus diesem Grund besonders hochwertig sein.

In den Südstaaten gibt es heute noch Männer, die früher Whiskey selbst gebrannt haben. Sie glauben, dass es heute eine solche Qualität nicht mehr zu kaufen gibt.

Versorgung noch in den Kinderschuhen steckte, wurde Alkohol auch für die Herstellung und Konservierung zahlreicher verschiedener Heilmittel benötigt.

Brennen von Pure Corn Whiskey

Von den vielen Methoden, nach denen früher hochwertige, reine Whiskeys auf Maisgrundlage destilliert wurden, soll hier nur ein Verfahren ausführlich beschrieben werden, mit dem vor allem in den dicht bewaldeten Bergregionen entlang der Grenze zwischen Alabama und Georgia gebrannt wurde.

Als »Pure Corn Whiskey« durfte nur der Whiskey bezeichnet werden, der aus reinem Mais (pure corn) ohne andere Zutaten wie beispielsweise Zucker gebrannt wurde.

Die Qualität

Unabhängig von den unterschiedlichen Brennmethoden, die von den einzelnen Brennern für die Herstellung ihres Whiskeys verwendet wurden, war die Qualität des Destillats grundsätzlich abhängig vom Standort der Anlage, dem Aufbau des Brennofens und dem verwendeten Baumaterial, vor allem aber von der Qualität des Rohstoffes sowie vom Können und der Erfahrung des jeweiligen Brenners.

Der richtige Standort

Der ideale Standort einer Moonshiner-Destillerie musste über fließendes Wasser zur Kühlung des Destillates verfügen, wobei manche Brenner darauf schworen, dass nur nach Westen abfließendes Wasser die gewünschte Qualität besaß. Weiterhin mussten große Steine, ton- oder lehmhaltiger Boden für den Bau einer Feuerstelle sowie genügend Holz für den Bau und Betrieb einer Brennanlage vorhanden sein. Und schließlich musste der Standort in ausreichender Entfernung von Siedlungen und öffentlichen Straßen liegen, damit die illegale Anlage nicht durch den aufsteigenden Rauch verraten wurde. Ein dichter Baum- und Unterholzbewuchs war eine weitere wichtige Voraussetzung für eine Erfolg versprechende Schwarzbrennerei.

Der Bau einer Brennanlage

War der richtige Standort gefunden, benötigte der Moonshiner eine Brennanlage, bestehend aus einer Feuerstelle und dem Brennofen mit Hut, einem Dampfrohr und dem Verstärker, durch den das gewonnene Destillat zur Erhöhung des Alkoholgehaltes geleitet wurde. Das Geistrohr und der Kühler mit der Kühlschlange dienten zum Kondensieren und Auffangen des Destillats am Ende des Brennvorgangs. Die beiden Herzstücke einer Moonshiner-Brennanlage waren die Feuerstelle und die Brennblase, denn mit der Beschaffenheit dieser beiden Elemente stand und fiel die Qualität des Whiskeys.

Die Feuerstelle wurde mit Hickory oder Bergeichenholz beheizt. Das Holz musste gut ausgetrocknet sein, damit es so wenig Rauch wie möglich erzeugte. Viele der versteckten Destillerien verrieten sich durch eine zu starke Rauchentwicklung!

Die Feuerstelle

Eine gut angelegte Feuerstelle zeichnete sich vor allem dadurch aus, dass sich die Hitze des Feuers gleichmäßig im Ofen um die Brennblase verteilen und der Rauch gut abziehen konnte. Dabei durfte die Flamme an keinem Punkt die Brennblase direkt berühren, da sonst die Gefahr bestand, dass die Maische in der Brennblase ansetzte und damit der ganze Brand verdorben war.

Für die Feuerstelle wurden Feldsteine kreisförmig übereinander geschichtet, wobei man zur leichteren Befeuerung der Anlage an einem gut zugänglichen Teil des Kreises eine Öffnung aussparte. Der Durchmesser des Kreises musste etwa 15 Zentimeter größer sein als der Durchmesser der Brennblase, um eine gleichmäßige Verteilung der aufsteigenden Wärme um die Brennblase zu gewährleisten. Anschließend wurde die Feuerstelle mit einer kräftigen Steinplatte abgedeckt, die zugleich als Boden diente, auf den die Brennblase gestellt wurde. Diese Platte deckte jedoch nicht die gesamte Feuerstelle ab, sondern schloss hinten mit dem Brennblasenboden ab, so dass Rauch und Wärme ungehindert nach oben steigen konnten. Über dieser Bodenplatte wurden die Steine dann so aufgebaut, dass der Abstand zwischen Steinen und Brennblase an der breitesten Stelle der Blase nur noch rund eineinhalb bis zwei Zentimeter betrug. Von hier aus wurden

Um sicherzustellen, dass sich entlang der Nietsäume keine Lecks bildeten, verlöteten einige Brenner die Säume mit Weichlot. Wichtig war dabei, dass kein Lot ins Innere der Brennanlage floss. Die alkoholischen Dämpfe hätten sonst schädliche Stoffe aus dem Lot gelöst und den Brand verdorben.

die Steine leicht nach innen geneigt in die Höhe gestapelt, so dass sie die Brennblase in Höhe des Oberteiles fast berührten. Im oberen Teil dieses Aufbaus wurde eine Öffnung für den Rauchabzug gelassen. Damit Wärme und Rauch nicht durch die Ritzen zwischen den Steinen entweichen konnten, verkleidete man die Außenwände der Feuerstelle dick mit feuchtem Lehm oder Ton (siehe Abbildung Seite 29).

Die Brennblase

Neben der Feuerstelle war die Brennblase das zweite Kernstück einer jeden Moonshiner-Destillerie und wurde in der Regel aus qualitativ hochwertigem, spiegelglattem Kupferblech gefertigt, das mit Hilfe eines Hartholzhammers über glatt polierten Rundhölzern gebogen wurde.

Die Brennblase bestand aus zwei identischen, zylindrisch geformten Teilen, die, ineinander gesteckt und miteinander vernietet, den »Bauch« formten. Der Boden der Blase wurde anschließend mit einer entsprechend großen Kupferplatte verschlossen und ebenfalls vernietet. Mit dem oberen Teil der Brennblase wurde der Hut verbunden, der ähnlich wie die Brennblase, aber in kleinerem Maßstab gefertigt wurde (siehe Abbildung Seite 29). Dann wurde in Brennblase und Hut jeweils ein Loch geschnitten und dieses mit einem Flansch versehen, der zur Aufnahme des Dampf- und des Ablassrohrs für die Maische diente. Diese Arbeiten mussten äußerst sorgfältig ausgeführt werden, da vor allem an den Verbindungsstellen der einzelnen Bauteile keine Lecks auftreten durften und die Blase dem im Helm herrschenden Druck standhalten musste. Diese Methode hat sich im Prinzip bis heute nicht verändert, nur die Art der Herstellung hat sich dank technischer Hilfsmittel inzwischen sehr vereinfacht.

Das Dampfrohr

Das Dampfrohr leitete das Destillat in den Verstärker, der dazu diente, den Alkoholgehalt des Destillats in einem einzigen Brennvorgang zu erhöhen. Das Dampfrohr einer Moonshiner-Destillerie wurde aus

Kupferblech hergestellt und endete einige Zentimeter über dem Fassboden des Verstärkers (siehe Abbildung Seite 29). Bei der Herstellung der Kupferrohre war es besonders wichtig, dass die Nietstellen mit großer Sorgfalt sauber verlötet wurden, da sonst der wertvolle Alkoholdampf verloren ging.

Einige Moonshiner schalteten zwischen Brennofen und Verstärker ein Fass, das als »Relay«-Fass bezeichnet wurde. Es diente dazu, überschäumende Maische aufzufangen und in die Brennblase zurückzuleiten.

Das Geistrohr

Das Geistrohr wird manchmal auch als Steigrohr bezeichnet, da es auf seinem Weg zum Kühler immer ansteigen muss. In diesem Rohr kühlte das Destillat leicht ab, und Fuselöle sowie Wasser schlugen sich im Geistrohr nieder und flossen zurück in den Verstärker. Wie das Dampfrohr wurde auch das Geistrohr aus einem rundgetriebenem Kupferblech gefertigt.

Der Verstärker

Der Verstärker diente zur Erhöhung des Alkoholgehalts des Destillats. In der Regel bestand der Verstärker bei den Moonshinern aus einem handelsüblichen 50-Gallonen-Holzfass. Es war mit einem Holzdeckel verschlossen, in den neben den Öffnungen für das Dampf- und Geistrohr noch ein weiteres Loch zum Befüllen des Fasses mit Maische gebohrt wurde. In Bodenhöhe des Fasses befand sich außerdem ein mit einem Holzpflock sorgfältig verschlossenes Loch als Auslauf für die verbrauchte Maische.

Der Kühler

Die Moonshiner kühlten ihr Destillat, indem sie es durch eine spiralförmige gewundene Kühlschlange aus Kupferrohr leiteten, die sich in einem mit Wasser gefüllten Fass befand. Die Windungen dieser Spirale waren so bemessen, dass sie die Wände des Fasses nicht berührten. Das Ende der Spirale wurde dann in Höhe des Fassbodens nach außen geführt, und die zum Auffangen des Alkohols vorgesehenen Gefäße wurden darunter gestellt.

Erster Schritt: Vorbereitung des Rohstoffs

Alle im Folgenden beschriebenen Vorbereitungen des verwendeten Rohstoffs nach Art der alten Moonshiner sowie der Brennvorgang selbst haben sich prinzipiell nicht wesentlich verändert, nur die einzelnen Methoden wurden im Lauf der Zeit verschiedentlich modernisiert und rationalisiert.

Für die Moonshiner war Mais der Rohstoff, aus dem sie ihren Pure Corn Whiskey brannten. Damit bei einem Gärungsvorgang Alkohol entsteht, muss Zucker im Ausgangsstoff vorhanden sein, was jedoch bei Mais oder anderen Getreidearten wie Roggen oder Gerste nicht der Fall ist. Sie enthalten aber verschiedene Kohlenhydrate, die durch Keimen in Zucker umgewandelt werden. Die Vorbereitung des Rohstoffs nahm daher mehrere Tage in Anspruch, denn zuerst mussten von dem zum Brennen vorgesehenen Mais 15 Prozent zur Herstellung des Malzes zum Keimen gebracht werden. Dafür füllte man die Körner in Säcke und stellte sie an einen sonnigen Ort, wo sie einmal täglich mit warmem Wasser besprengt und nach gewissenhafter Prüfung ihrer Temperatur gewendet wurden, um ein gleichmäßiges Keimen zu gewährleisten.

Als Rohstoff für einen guten Whiskey wurde frisch geernteter Mais von bester Qualität verwendet. Mais mit weißem Korn wurde wegen seiner größeren Ergiebigkeit dem gelbkörnigen Mais vorgezogen.

Bei kaltem Wetter war es etwas umständlicher, den Mais zum Keimen zu bringen. In diesem Fall wurden die Körner zunächst in ein Holzfass gegeben und mit warmem Wasser übergossen. Nach 24 Stunden füllte man die Körner in eine Wanne, übergoss sie erneut mit warmem Wasser, goss es nach 15 Minuten ab und stellte die Wanne in die Nähe eines Ofens oder einer anderen Wärmequelle. Dieser Vorgang des Übergießens mit warmem Wasser und des Abgießens nach etwa 15 Minuten wurde täglich wiederholt. Ebenso wurde der Mais jeden Tag gewendet, damit alle Körner gleichmäßig mit Wärme und Feuchtigkeit versorgt wurden, und die Wanne so gedreht, dass die kühlste Stelle am Ofen stand. Nach vier bis fünf Tagen hatte der Mais kräftige Keime von etwa fünf Zentimeter Länge entwickelt, die getrocknet und anschließend zu Mehl, dem so genannten Malz, vermahlen wurden. Auch die unbehandelten Maiskörner wurden einen Tag vor Ende des Keimvorgangs zu Mehl vermahlen.

Zweiter Schritt: Vom Malz zur Maische

Die Maische für einen Moonshiner-Whiskey bestand aus einer Mischung von Malz und Wasser, der ein bestimmter Anteil an Maismehl zugefügt wurde, da beim Erwärmen der Maische die beim Mälzen entstandenen Enzyme freigesetzt werden, die wiederum den Prozess der alkoholischen Gärung in Gang bringen.

Eine der größten Gefahren für die Maische sind die überall lauernden Essigbakterien. Sie können innerhalb kurzer Zeit eine ganze Maische verderben. Befallene Maische kann zwar destilliert werden, ergibt aber keinen guten Brand mehr.

Dafür füllten die Moonshiner zunächst die Brennblase zu drei Vierteln mit frischem Wasser und heizten die Feuerstelle an. In das Wasser wurde nun ein Teil des Maismehls gerührt und dieser Maisbrei für etwa 30 Minuten gekocht. Dann wurde der Brei über das Ablassrohr in ein sauberes Holzfass umgefüllt, und in den noch kochend heißen Brei wurde weiteres Maismehl gegeben und gründlich verrührt. Dann stellte man das Fass an einen wettergeschützten Platz und wiederholte den gesamten Kochvorgang mit neuem Wasser so lange, bis schließlich das gesamte Maismehl zu Brei verarbeitet und in Fässern eingelagert war.

Am folgenden Tag wurde die Maische bis zu einer bestimmten Konsistenz mit Wasser verdünnt. Als Maßstab für die richtige Verdünnung diente den Moonshinern ein Rührstock, der, wenn man ihn in die Maische steckte, durch sein Eigengewicht leicht zum Fassrand hin fallen musste. War die richtige Konsistenz erreicht, rührte man pro Fass noch einen Teil des Malzes in die Maische ein und überstreute sie mit je zwei Hand voll Roggen, bevor die Fässer für den Gärungsprozess verschlossen wurden.

Am Tag darauf wurde überprüft, ob der Gärungsprozess bei der gesamten Maische eingesetzt hatte. War dies bei einzelnen Fässern nicht der Fall, vermischte man die nicht gärende Maische gründlich mit den schon gärenden Anteilen, damit der gesamte Maischebrei zum gleichen Zeitpunkt fertig vergoren war. Nach fünf Tagen war die Maische, das so genannte beer, fertig zum Brennen. Als sicheres Anzeichen galt, dass die auf dem Maisbrei entstandene Kruste fast völlig verschwunden, d. h. vom Alkohol aufgefressen worden war, wie es in der Fachsprache heißt.

Dritter Schritt: Das Brennen des Whiskeys

Die Kunst eines guten Brenners bestand und besteht in der richtigen Beheizung des Ofens. Die Temperatur muss gleichmäßig und langsam erhöht werden, Fehler beim Beheizen führen unweigerlich zu Qualitätseinbußen.

Wenn die Maische fertig vergoren war, mussten die Moonshiner unverzüglich mit dem Brennen beginnen, da sonst die Gefahr bestand, dass das »beer« zu Essig wurde. Doch zuvor wurde noch während der Maischegärung die Brennanlage gründlich gereinigt: Das Kupfer musste von innen spiegelblank geputzt werden, da Schmutzreste in der Blase den gesamten Brand ruinieren können. Brennholz und alle anderen erforderlichen Geräte, wie Behälter zur Aufnahme der abgebrannten Maische, Rührlöffel, Gefäße zum Auffangen des Destillats, Tücher und Holzkohle zum Filtern des Destillats, wurden rechtzeitig bereitgelegt.

Dann stellten die Brenner eine dicke Paste aus Roggenmehl und Wasser her, mit der sie alle Verbindungen und mögliche Leckstellen an der Brennanlage abdichteten, da diese Paste beim Erhitzen der Brennblase steinhart und vollkommen undurchlässig wurde. Auch der Maischeabfluss an der Brennblase und am Verstärker wurde mit Holzpflöcken fest verschlossen. Dann wurde der Hut von der Brennblase entfernt und diese mit so viel »beer« befüllt, dass noch etwa zwölf Liter Freiraum zum Ausdehnen für die Maische während des Koch- und Destilliervorgangs zur Verfügung standen.

Nachdem auch das Verstärkerfass mit »beer« befüllt worden war und ebenfalls alle Öffnungen mit Roggenmehlpaste abgedichtet waren, wurde das Feuer in der Feuerstelle entfacht. Während sich das »beer« im Brennofen erwärmte, musste es laufend umgerührt werden, um ein Festsetzen am Boden oder an den Seitenwänden zu verhindern. Dann wurde so lange gerührt, bis sich das »beer« durch das beginnende Kochen von selbst zu bewegen begann und so ein Festsetzen an den Blasenwänden ausgeschlossen war.

Wenn das »beer« zum Kochen gebracht worden war, wurde der Brennofen wieder mit dem Hut verschlossen und das Dampfrohr auf den Flansch geschoben. Auch der Rand zwischen Hut und Blase sowie die Anschlussstelle des Dampfrohres wurden anschließend gut mit der Roggenmehlpaste abgedichtet.

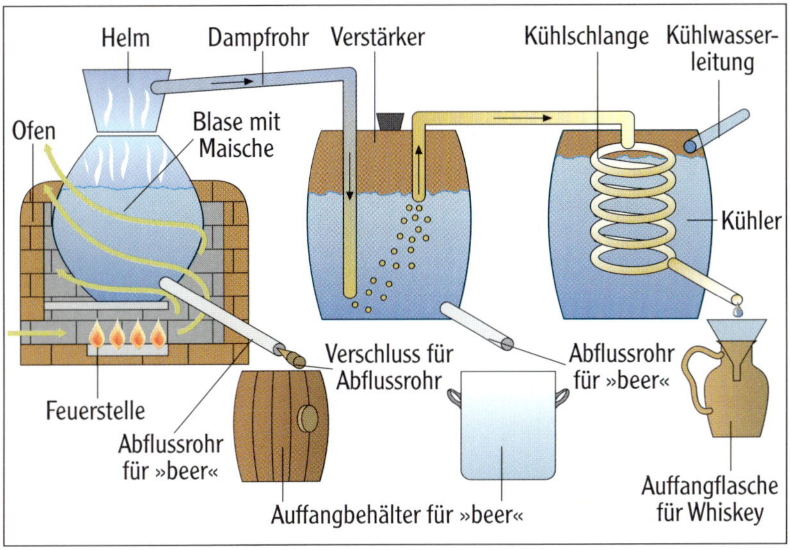

Absolute Sauberkeit der Brennanlage war eine unbedingte Voraussetzung für das Gelingen des Whiskeys.

Im nächsten Arbeitsgang wurde das Feuer langsam durch Nachlegen von Holz vergrößert. Hierfür bedurfte es viel Erfahrung, um die richtige Hitze zu entwickeln und das Feuer über einen längeren Zeitraum auf einer gleich bleibenden Temperatur zu halten. Etwa 15 Minuten nachdem das »beer« zu kochen begonnen hatte, drückte der Dampf in den Verstärker und erzeugte laute, blubbernde Geräusche.

Auf den Auffangbehälter für das Destillat wurde ein Trichter gesetzt, in den ein sauberes, feinmaschiges Tuch gelegt wurde, darüber kam ein zweites, grobmaschigeres Tuch und darauf wiederum zwei Hand voll gewaschene Hickory-Holzkohle. Dieser Kohlefilter verhinderte das Eindringen von gesundheitsgefährdenden Substanzen in das Destillat. Der so präparierte Auffangbehälter wurde unter den Ablauf am Kühler bereitgestellt.

Damit der Wiskey einen weichen und milden Geschmack bekam, durfte das Destillat nicht zu schnell ablaufen und musste so gekühlt werden, dass er am Ablauf noch handwarm war.

Sobald das Blubbern aufgehört hatte, begann der Alkohol zu laufen. Dieses Laufen kündigte sich zuerst durch ein ein- bis zweimaliges Zischen des Dampfes an, dann kam ein Schwall von Flüssigkeit, der schnell bis auf ein paar Tropfen zurückging, und es folgte ein zweiter kräftiger Flüssigkeitsaustritt. Mit Beginn dieses zweiten Auslaufs wurde der Alkohol aufgefangen.

Dieser Brennvorgang wurde so lange fortgesetzt, bis das austretende Destillat kaum noch Alkohol enthielt. Als Messinstrument hierfür stand den Moonshinern nur ihr eigener, in der Regel gut ausgeprägter Geschmackssinn zur Verfügung; das Brennen wurde abgebrochen, wenn ein Alkoholgehalt kaum noch feststellbar war. Damit war der erste Brenndurchgang beendet.

Der zweite Brenndurchgang wurde im Prinzip genauso wie der erste Durchlauf durchgeführt, nur dass der Brennmeister den Verstärker jetzt nicht mit frischem »beer«, sondern mit dem im ersten Durchlauf gewonnenen Alkohol, dem so genannten backing, befüllte. Von diesem Durchlauf an wurde wie bei allen folgenden Brenndurchgängen guter, hochprozentiger Whiskey aufgefangen, wobei die Alkoholausbeute des zweiten Durchgangs etwa doppelt so hoch war wie beim ersten Durchlauf.

Der Geschmack des Whiskeys wird wesentlich durch die Qualität des Wassers, mit dem das Destillat verschnitten wird, bestimmt. Es muss sauber, ohne jeden Fremdgeschmack und vor allem weich sein.

Die Alkoholstärke des Destillats wurde während des Auffangens mit einem Reagenzglas oder einem ähnlichen Glasgefäß überprüft, indem man die entnommenen Proben kräftig mit der Hand schüttelte. Solange sich dabei kleine Bläschen bildeten, fing man das Destillat im Behälter für den Whiskey auf. Zeigten sich jedoch keine oder nur noch wenige Bläschen, wurde das Destillat in anderen Behältern aufgefangen. Mit einer Perle, die man in das Reagenzglas tauchte, überprüften die Moonshiner, wie hoch der Alkoholgehalt war. Tauchte sie bis zur Hälfte ein, hatte man einen Whiskey von nahezu 100 Prozent Alkohol gewonnen.

Das restliche Destillat wurde wie beim ersten Brenndurchgang weiter aufgefangen, bis kaum noch Alkohol zu schmecken war, und als »backing« zum Befüllen des Verstärkers für den dritten Durchlauf benutzt. Die Brennanlage wurde anschließend so lange durchgehend betrieben, bis der gesamte Vorrat an vergorener Maische wie oben beschrieben gebrannt war. Dabei konnte man davon ausgehen, dass aus 100 Kilogramm Mais 12 bis 14 Liter guter, hochprozentiger Whiskey destilliert werden konnten.

Um den Whiskey schließlich trinkreif zu machen, wurde er mit klarem, sauberem Wasser oder mit dem »backing« des letzten Durchlaufs auf die gewünschte Stärke verdünnt »verschnitten«. Für die Bernsteinfarbe und den zumeist gewünschten typischen Roggengeschmack wurde zum Abschluss pro Liter Whiskey ein Tropfen eines speziellen Roggenaromas zugesetzt.

Wenn ein Brand nicht gelungen war, wurde die Schuld immer beim Brenner gesucht. Gewöhnlich war dies ein Zeichen, dass nicht mit der gebotenen Sorgfalt und Sauberkeit gearbeitet worden war.

Brennen mit »saurer« Maische

Anstelle von gekochter (»süßer«) Maische wurde vielerorts auch mit »saurer« Maische gebrannt. Gewöhnlich wurden dafür etwa 70 Kilogramm Maiskörner wie beschrieben in ein 50-Gallonen-Fass gefüllt und mit kaltem Wasser übergossen. Nach drei bis vier Tagen hatte der Gärungsprozess begonnen, d. h., die Maische war »sauer« geworden, und es bildete sich eine Kruste auf der Oberfläche. Am vierten Tag wurde die Kruste zerbrochen, gründlich unter die Maische gerührt und anschließend weitere zwei bis drei Tage gären gelassen, bis sich erneut eine Kruste gebildet hatte. Jetzt wurden pro Maischefass sechs Liter Malz (siehe Seite 26) untergerührt, und die Mischung wurde eine Woche vergoren. Dann war die »saure« Maische fertig und wurde wie die »süße« Maische zu Whiskey gebrannt.

Brennen mit Mais und Zucker

Wurde mit einem Gemisch aus Mais und Zucker gebrannt, war der Alkoholgehalt des fertigen Whiskeys nicht ganz so hoch wie beim Pure Corn Whiskey. Dieses Erzeugnis durfte aus diesem Grund auch nicht so genannt werden. Allerdings erzielte man aus der gleichen Menge Mais eine etwa viermal höhere Ausbeute als beim zuvor beschriebenen Verfahren.

Auch bei dieser Methode wurde die Maische zunächst wie gewohnt vorbereitet. Am vierten Tag kamen dann jedoch pro 50-Gallonen-Fass zwei Liter Malz und 16 bis 18 Kilogramm Zucker hinzu und wurden gründlich mit der Maische vermischt.

Nach fünf Tagen war die Maische dann fertig vergoren und konnte wie oben beschrieben gebrannt werden.

Kornbrennen nach dem Krieg

Gerade nach dem Krieg waren Rüben in der Schnapsbrennerei weit verbreitet.

Ähnlich wie in den USA während der Prohibition boomte auch bei uns das Schwarzbrennen nach dem Krieg. Wer handwerkliches Geschick hatte und sich das geeignete Rohmaterial beschaffen konnte, baute eine eigene Brennanlage. Viele Brenner konsumierten den eigenen Schnaps auch selbst. Er bedeutete ein wenig – vermeintliches – Glück in der trostlosen Zeit. Gebrannt wurde nahezu alles, was man zu Alkohol destillieren konnte, vorwiegend jedoch Obst, Korn, Kartoffeln und Rüben.

Brennanlagen

Zum Brennen wurden die abenteuerlichsten Geräte verwendet. Die hier beschriebenen Brennanlagen nachzubauen und mit ihnen zu brennen wäre, abgesehen davon, dass es verboten ist, sehr unklug, da kaum gesundheitsgefährdende Stoffe ausgeschieden werden.

Viele Menschen brannten in der Nachkriegszeit selber Schnaps, da er ein beliebtes Zahlungsmittel auf dem Schwarzmarkt war, gegen das sich nahezu alles eintauschen ließ.

Brennanlage zum Destillieren von Maischen

Als Brennanlage diente oftmals ein modifizierter Schweinefutterkocher oder ein Wäschekocher. Der übliche Deckel wurde gegen einen stark gewölbten ausgetauscht. Bei Gefahr, sprich bei nahender Polizei, konnte dieser Deckel schnell durch den alten ersetzt werden. In den gewölbten Deckel wurde ein Flansch eingebaut, auf den das Geistrohr, das zum Kühler führte, platziert wurde. An der Kühlerseite des Geistrohres wurde die Kupferspirale mit vielen Windungen zur guten Kühlung montiert. Die Kühlspirale führte in ein Fass, in das von unten Kühlwasser gepresst wurde. Der Wasserablauf war an der oberen Seite. Geheizt wurde mit trockenem Holz oder mit Kohle.

Rucksackbrennanlage

Rucksackbrennanlagen waren in der Nachkriegszeit sehr gängig. Sie konnten in einem großen Rucksack, daher der Name, von Brenner zu Brenner transportiert werden. Der Nachteil war: Sie fassten selten mehr als zehn Liter Rohstoff. Der Brennofen – oft aus Kupfer gefertigt – war so groß, dass er in einen großen Einwecktopf passte. Der Deckel war nach oben gewölbt und hatte an der höchsten Stelle einen Flansch für das Geistrohr. Entweder war der Deckel zum leichteren Befüllen und Entleeren abnehmbar, oder er besaß eine entsprechend große Öffnung. Sowohl der Deckel als auch die Befüllöffnung mussten vor Brennbeginn fest verschlossen werden, damit der sich entwickelnde, unter beträchtlichem Druck stehende Dampf nicht entweichen konnte. Auf dem Deckel wurde ein Geistrohr angeschlossen, an dessen unterem Ende die Kühlspirale befestigt wurde. Diese kam zum Kühlen in eine Gießkanne oder in ein ähnlich großes Gefäß. Der Auslass für die Kühlspirale war abgedichtet. Das Kühlwasser leitete man über einen Schlauch, der fünf Zentimeter über dem Boden endete, in die Gießkanne. Oben konnte das Wasser frei ablaufen.

Maischen wurden hauptsächlich in Schweinefutterkochern, Wäschekochern oder ähnlich großen Geräten gebrannt. Stand nur eine Rucksackbrennanlage zur Verfügung, wurde die Maische abgepresst und nur die alkoholhaltige Flüssigkeit gebrannt.

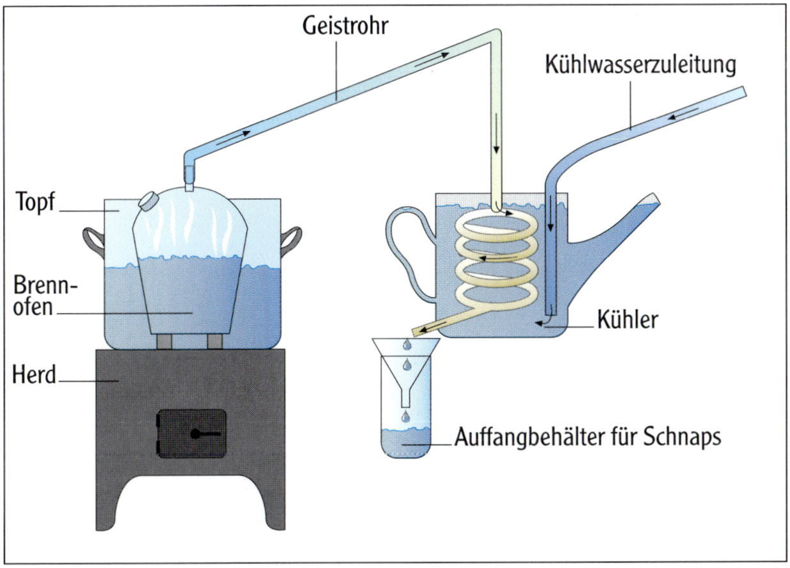

Rucksackbrennanlagen waren während der Nachkriegszeit sehr beliebt, da man sie problemlos auf dem Rücken von Brenner zu Brenner tragen konnte.

Brennen von Roggen

Um 100 Kilogramm Roggen zu brennen, wurden 15 Kilogramm Gerstenmalz, 500 Gramm Backhefe und 300 Liter Wasser benötigt. Sollte weniger gebrannt werden, mussten die Zutaten entsprechend verringert werden. Fasste die Brennanlage nicht die angegebene Menge, musste die Maische in mehreren Durchläufen angesetzt werden.

Von den verschiedenen Getreidearten wurde Roggen am meisten gebrannt. Auch hierfür gab es unterschiedliche Methoden und Geräte. Im Folgenden wird eines der gebräuchlicheren Verfahren beschrieben.

Vorbereiten des Rohstoffs

Zunächst wurde die Gerste in einem Behälter mit warmem Wasser übergossen und bei 17 bis 20 °C zum Keimen gebracht. Dabei wurden die Körner täglich mit warmem Wasser überspühlt. Nachdem sie kräftige Keime gebildet hatten, ließ man sie zwölf Stunden trocknen.

Der Roggen wurde grob geschrotet. Ein 200-Liter-Fass zur Aufnahme der Maische wurde gründlich gereinigt, damit die Roggenmaische nicht durch schädliche Mikroorganismen verdarb. Das Wasser wurde in die Brennanlage gefüllt und auf 60 bis 65 °C erwärmt. Unter kräftigem Rühren – sie durften nicht verklumpen – gab man Roggenschrot und Gerstenmalz zum Wasser. Die Maischetemperatur wurde nun mit heißem Wasser oder durch Aufheizen auf 55 bis 58 °C eingestellt und für etwa 30 Minuten gehalten, damit sich die Stärke in vergärbaren Zucker umwandeln konnte. Danach wurde die Maische in die gereinigte Tonne umgefüllt und auf 25 bis 27 °C abgekühlt. Dann wurde die Hefe zugesetzt und gründlich mit der Maische verrührt und das Gärgefäß mit einem Tuch verschlossen und an einem warmen Platz zum Gären aufgestellt. Eine optimale Gärtemperatur war erreicht, wenn die Maischetemperatur ca. 30 Stunden nach Hefezugabe bei 30 °C lag. Während der Gärung musste die sich bildende Treberdecke wiederholt durchstoßen werden.

Brennen der Maische

Nach drei bis vier Tagen war die Maische vergoren und konnte gebrannt werden. Sie wurde in die Brennanlage gefüllt (dabei musste wiederum genügend Platz als Steigraum freibleiben), der Deckel wurde aufgesetzt und fest verschlossen. Waren keine Vorrichtungen zum Verschrauben des Deckels angebracht, wurde er mit Steinen beschwert und am Rand mit nassen Tüchern abgedichtet.

Der Ofen wurde anheizt und die Maische erwärmt. Dann befüllte man den Kühler mit Wasser. Der Dampf stieg in den Steigraum, gelangte über das Geistrohr in den Kühler, kondensierte und tropfte in ein Auffanggefäß. Der gesamte Lauf, der Raubrand, wurde in einem Gefäß gesammelt. Man brach den Brand ab, wenn das Kondensat nicht mehr nach Alkohol schmeckte. Die Kühltemperatur wurde durch Regulierung des Wasserzulaufs bei etwa 20 °C gehalten. Dann wurde der Brennofen entleert, sorgfältig gereinigt und mit dem Raubrand befüllt. Diesen brannte man – genau wie die Maische – im geheizten Ofen. Diesmal wurde das Destillat in drei Teile, so genannte Fraktionen, geteilt. Zunächst wurde der Vorlauf aufgefangen. Er enthielt einen großen Teil der nicht trinkbaren gesundheitsgefährdenden Stoffe. Der Umschaltzeitpunkt wurde durch Verkosten ermittelt. Schmeckte und roch der Vorlauf nicht mehr scharf und beißend, konnte auf Mittellauf umgeschaltet werden. Ein neues Gefäß diente zum Auffangen des Destillats. Um einen guten Korn zu erhalten, war es auf jeden Fall besser, den Vorlauf etwas länger laufen zu lassen, als zu früh umzuschalten. Der Mittellauf war der trinkbare Korn.

Ab etwa 70 °C erwärmte man die Maische langsam weiter, denn bei 78,35 °C beginnt der Trinkalkohol zu verdampfen. Deshalb wurde die Temperatur möglichst zwischen 70 und 90 °C gehalten und mit einem Thermometer überprüft.

Das Umschalten von Mittellauf auf Nachlauf wurde ebenfalls nach Geschmack ermittelt. Sowie man die ersten Anzeichen von Fuselölen herausschmeckte, wurde der Mittellauf weggenommen und das restliche Destillat in einem dritten Gefäß aufgefangen. Der Nachlauf wurde schneller abgebrannt. Sobald kein Alkohol mehr zu schmecken war, brach man den Brand ab. Vor- und Nachlauf wurden gesammelt und mit den anderen Vor- und Nachläufen als Letztes nochmals gebrannt. Anschließend wurde der Mittellauf in einem Trichter gefiltert, in den ein feines, darüber ein grobes Leinentuch kam. Auf die Tücher gab man eine dicke Schicht Aktivkohle, die mögliche Reste von Fuselölen abtrennte, die den Geschmack des Brandes stark beeinträchtigt hätten. Durch das zweimalige Brennen erhielt man einen hochprozentigen Korn. Er wurde anschließend durch abgekochtes Wasser auf Trinkstärke verschnitten.

Moderne Brenngeräte

Mit modernen Brennanlagen wurden Brenndauer, Ergiebigkeit sowie Qualität des Brands wesentlich weiterentwickelt.

Zwar hat sich am Prinzip des Brennens nichts Wesentliches geändert, doch wurden in den letzten Jahrzehnten beachtliche Verbesserungen an den Brenngeräten erzielt, die sich vor allem auf die konsequente Weiterentwicklung der Brenndauer sowie die Ergiebigkeit und Qualität des Brandes beziehen. Damit sind die kleinen Brennöfen von einst mit Blase, Helm, Geistrohr und Kühler teils zu riesigen Kolossen mit bis zu 20 Meter Höhe geworden.
Die modernen Brenngeräte unterscheiden sich von ihren Vorgängern im Wesentlichen durch die Art der Beheizung der Brennblase sowie durch ausgetüftelte Verstärkersysteme, die ein zweimaliges Brennen überflüssig machen und schon beim ersten Durchlauf einen qualitativ hochwertigen Brand mit hoher Alkoholkonzentration garantieren. Diese Verstärkersysteme werden anstelle des Helms über der Brennblase montiert oder neben dem Helm eingebaut und bestehen in der Regel aus einem Verstärkeraufsatz mit zwei bis drei Böden, den so genannten Glockenböden, sowie einem darüber angebrachten Dephlegmator, durch den der Rückfluss gezielt gesteuert werden kann.

Moderne Verstärkersysteme machen ein zweimaliges Brennen überflüssig und garantieren schon beim ersten Durchlauf einen qualitativ hochwertigen Brand.

Wasserbadbrennanlage

Ein inzwischen nahezu ausgestorbener Klassiker unter den Brenngeräten ist die Brennanlage mit direkter Befeuerung, wie sie beispielsweise die Moonshiner verwendeten. Sie bestand, wie auf Seite 23 beschrieben, aus einer mit Holz beheizbaren Feuerstelle, die zusammen mit der Brennblase ummauert war und bei der die Hitze (wohlgemerkt: nicht die Flamme) direkt auf den Boden der Blase traf und so die Maische erwärmte. Der Nachteil dieser Befeuerungsmethode war jedoch eine äußerst unregelmäßige Verteilung der Hitze, was häufig zum Anbrennen der Maische und damit zu großen Qualitätsverlusten beim späteren Brand führte.

Um die Gefahr des Anbrennens vor allem von dickflüssiger Maische zu verringern, entwickelte man in der Folge Brenngeräte, bei denen die Maische nur noch indirekt beheizt wird. Bei diesem Verfahren ist die Brennblase in ein durch elektrische Heizröhren aufheizbares Wasserbad gebettet, durch das die Blase gleichmäßig und kontrolliert erhitzt werden kann. Der restliche Aufbau eines solchen Wasserbadbrenngerätes mit Helm entspricht den bereits beschriebenen Brennanlagen.
Eine andere moderne Methode wird bei den so genannten Dampfbrenngeräten verwendet, bei denen die Beheizung der Brennblase ebenfalls indirekt mit Hilfe von heißem Dampf erfolgt, so dass die Erwärmung der Maische durch Regulierung des Dampfes gesteuert wird. Der übrige technische Aufbau einer Dampfbrennanlage entspricht dem einer Wasserbadbrennanlage.

Die Beheizung von Brenngeräten mit einem Wasserbad ist heute die am meisten verbreitete Methode. Sie ist sicher, effektiv und erlaubt zudem die Entnahme von Dampf für andere Zwecke.

Moderne Verstärkersysteme

Ein weiterer Fortschritt bei den modernen Brenngeräten war die Verfeinerung des Verstärkers durch Glockenböden und Dephlegmator, mit deren Hilfe sich die Alkoholkonzentration schon im ersten Brenndurchgang deutlich erhöhen lässt.

Glockenböden

Die Glockenböden verdanken ihren Namen den glockenförmigen Wölbungen, die dem Dampf aus der Brennblase eine optimale Kondensationsfläche bieten und nach folgendem Prinzip funktionieren: Die aus der Maische aufsteigenden Dämpfe strömen durch eine Öffnung in der Mitte des ersten Glockenbodens nach oben, wo der Dampf kondensiert und auf den Boden des Verstärkers tropft. Diese Flüssigkeit, der so genannte Lutter, sammelt sich dort so lange an, bis die Glocke vollständig im Lutter steht, so dass der nachfolgende Lutter in einem Überlaufrohr wieder zurück in die Brennblase läuft. Die von unten nachfolgenden Dämpfe benötigen nun einen gewissen Druck, um durch den Lutterwiderstand zu gelangen, der wiederum mit Hilfe der abkühlenden Wirkung des Dephlegmators erreicht wird. Durch diesen ständigen Wechsel von Abkühlung und Erhitzung erhöht sich die Alkoholkonzentration von Glockenboden zu Glockenboden.

Dephlegmator

Durch den Dephlegmator, was vereinfacht so viel wie »Gerät zur Rückflusskühlung« bedeutet, wird der Alkoholgehalt des Brandes weiter verstärkt, indem die vom obersten Glockenboden aufsteigenden Dämpfe durch gezielte Kühlung teilweise kondensiert werden. Da immer zuerst die Stoffe kondensieren, die den höchsten Siedepunkt haben, wie beispielsweise Wasser oder höhere Alkohole, kann der Brand über den Dephlegmator so reguliert werden, dass nur der erwünschte Alkohol in das Geistrohr gelangt. Zum Abkühlen der Dämpfe wird der Dephlegmator dann mit Wasser gefüllt und zur besseren Regulierung beheizt.

Verstärker arbeiten nach dem Prinzip der Dephlegmation und Rektifikation. Unter Dephlegmation versteht man eine Rückflusskühlung, und Rektifikation bedeutet »Trennung von Stoffen in Flüssigkeiten durch Destillation«.

Moderne Hilfsmittel

Neben Glockenböden und Dephlegmator gibt es noch zahlreiche weitere Erfindungen, die die Arbeit des Brennens sehr erleichtern. Im Rahmen dieses Kapitels können jedoch nur die wichtigsten dieser modernen Hilfsmittel genannt werden, die auch für kleinere Brennereien infrage kommen. Dabei gilt allerdings auch heute noch, dass menschliche Erfahrung und Intuition durch kein noch so ausgetüfteltes modernes Gerät ersetzt werden können.

Vorlage

Als »Vorlage« wird eine Vorrichtung aus säurebeständigem Edelstahl bezeichnet, die dazu dient, Temperatur, Ablaufmenge, Alkoholgehalt, Klarheit, Geruch und insbesondere Geschmack des aus dem Kühler abfließenden Destillats zu beurteilen. Diese Vorlage wird am

Destillatablauf des Kühlers befestigt, wobei ein nach oben zeigendes Lüftungsrohr für einen gleichmäßigen Abfluss des Destillats sorgt und ein integrierter Alkoholmeter den Alkoholgehalt des Durchlaufs misst. Damit kein wertvoller Alkohol verdunstet, wird die Vorlage mit einem Glas abgedeckt.

Wenn Sie gewerbsmäßig und regelmäßig große Mengen Alkohol brennen wollen, sollten Sie sich von einer Fachfirma beraten lassen, welche Brenneinrichtungen für Ihre Zwecke am besten geeignet sind (Adressen siehe Seite 93).

Vor-, Mittel- und Nachlaufabschneider

Ein Vor-, Mittel- und Nachlaufabschneider erlaubt die automatische Trennung von Vor-, Mittel- und Nachlauf und wird vor Brennbeginn eingestellt. Das Ende des Vorlaufs wird dabei über die Flüssigkeitsmenge definiert, während die Dauer des Mittel- und Nachlaufs durch die Messung der Alkoholkonzentration bestimmt wird. Die für die Erzeugung von guten Obstbränden so wichtige sensorische Beurteilung des Destillats ist mit einer solchen Vorrichtung allerdings nicht möglich, so dass diese Vorrichtung nur dann sinnvoll ist, wenn große Maischemengen in mehreren Durchläufen gebrannt werden sollen.

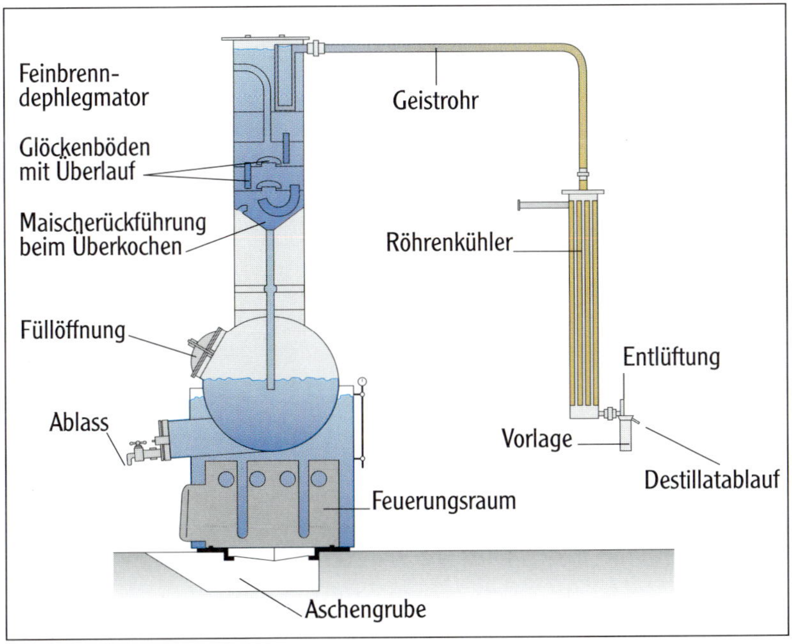

In der modernen Wasserbadbrennanlage wird die Maische nur noch indirekt beheizt. So wird das Anbrennen der Maische verhindert.

Selbst geerntete Äpfel aus dem eigenen Garten eignen sich sehr gut für die Herstellung von Apfelbrand.

Die Auswahl der Früchte ist entscheidend für die Qualität des Brandes. Nur ausgereifte, gesunde Äpfel mit einem ausgeprägten, sortentypischen Aroma lassen sich zu Spitzenbränden verarbeiten.

Apfelbrand

Im folgenden Kapitel finden Sie eine genaue Schritt-für-Schritt-Anleitung zum Destillieren eines Apfelbrandes von der Auswahl und Vorbereitung des Rohstoffs bis hin zum fertigen Getränk. Nach diesem Verfahren lassen sich auch andere Früchte brennen, allerdings benötigt jede Obstsorte eine besondere Behandlung, die sich in der Regel jedoch weniger auf den Brennvorgang selbst, als vielmehr auf die Vorbereitung der Rohstoffe bezieht, wie etwa die Zugabe von Hefenährsalzen zur besseren Vergärung der Maische. Die Besonderheiten der verschiedenen Früchte werden im Abschnitt »Obstbrände und -geiste« vorgestellt (siehe Seite 52).

Noch ein Tipp vorab: Wenn Sie zum ersten Mal brennen, empfiehlt es sich, den folgenden Apfelbrand genau nach Anleitung zuzubereiten, damit Sie zunächst ein Gefühl für den Brennvorgang bekommen. Mit etwas eigener Erfahrung können Sie sich ohne weiteres auch an etwas kompliziertere Brände heranwagen.

Welche Geräte brauchen Sie?

Für einen Apfelbrand benötigen Sie folgende Geräte:

- Eine handelsübliche Wasserbadbrennanlage mit Helm ohne Verstärker (aus dem Fachhandel, Adressen siehe Seite 93).
- Einen großen Behälter zum Waschen der Äpfel.
- Eine Rätzmühle zum Zerkleinern der Äpfel, bei dem die Früchte mit mehreren Schneidemessern zu Mus verarbeitet werden, ohne dass die Kerne dabei zerstört werden (aus dem Fachhandel).
- Einen großen oder mehrere kleine Maischebehälter mit einem Fassungsvermögen von insgesamt mindestens 110 Litern. Die Maischebehälter sollten möglichst aus Kunststoff oder säurebeständigem Edelstahl bestehen, da diese den besten Schutz vor Verunreinigungen der Maische bieten (aus dem Fachhandel).

- Einen oder mehrere passende Deckel und Gärverschlüsse (je nach Größe z. B. Duplex I oder II) zum dichten Verschließen des (der) Maischebehälter(s).
- Ein Pektin abbauendes Enzympräparat zum Verflüssigen der Maische (aus dem Fachhandel).
- Teststreifen zum Messen des pH-Werts der Maische.
- Eventuell Schwefelsäure zum Senken bzw. Säurekombinat MS zum Heben des pH-Werts (aus dem Fachhandel).
- Ein Saccharometer oder eine Mostwaage oder Teststreifen zum Messen des Alkoholgehalts (aus dem Fachhandel).

Wichtig ist, dass alle Geräte, die mit der Maische in Berührung kommen, zuvor sorgfältig gereinigt werden. Blanke Metallteile, die nicht aus Edelstahl sind, müssen außerdem mit Kelterlack (aus dem Fachhandel) überzogen werden.

Anstelle eines Wasserbads kann die Blase auch mit Dampf beheizt werden. Der Dampf wird in einem gesonderten Kessel erzeugt und zur Blase geleitet. Auch mit diesem Verfahren lässt sich die Brennwärme hervorragend steuern.

Der Rohstoff

Bei keinem anderen einheimischen Obst ist die Qual der Wahl so groß wie bei den vielen verschiedenen Apfelsorten, die uns in jedem Supermarkt begegnen. Bei der Auswahl der Früchte für einen guten Apfelbrand gilt, dass die Äpfel vor allem einen hohen Zuckeranteil sowie ein möglichst volles Aroma besitzen sollten. Ausgezeichnete Apfelbrände lassen sich vor allem aus den Sorten Gravensteiner, Golden Delicious, Cox Orange, Elstar, Jonagold und Summerred destillieren, wobei Sie immer nur eine Apfelsorte pro Brand verwenden sollten.

Die Qualität eines Brandes steht und fällt mit der Qualität des Ausgangsstoffs. Achten Sie deshalb darauf, dass Sie nur unbeschädigte, voll ausgereifte Äpfel verwenden, da frühreif geerntete Äpfel kaum Süße und ein weit weniger ausgeprägtes sortentypisches Aroma aufweisen. Gleiches gilt für überreife Äpfel und Fallobst, bei denen sich die Zucker- und Aromastoffe bereits wieder zurückzubilden beginnen. Sogar bei reif gepflückten Äpfeln empfiehlt es sich, sie vor der Verarbeitung noch etwa zwei Wochen an einem dunklen und kühlen Ort zu lagern, damit sie optimal nachreifen können.

Apfelmaischen können leicht durch Mikroorganismen infiziert und verdorben werden. Um diese Gefahr so gering wie möglich zu halten, müssen alle Geräte und Behälter, die mit der Maische in Berührung kommen, peinlich sauber gehalten werden.

Wichtig ist außerdem, dass die Früchte bei der Verarbeitung naturbelassen sind, d. h., Zusätze wie Zucker und andere, den Alkoholgehalt steigernde Stoffe dürfen nicht hinzugefügt werden. Aus diesem Grund ist es auch gesetzlich verboten, Apfelbrände aus Apfeldessertwein, nicht naturbelassenem Apfelsaft oder Apfelnektar herzustellen.

Vorbereitung der Maische

Für 100 Liter Maische, die je nach Qualität des Ausgangsmaterials etwa 30 Liter Apfelbrand ergeben, benötigen Sie 110 Kilogramm Äpfel, die folgendermaßen vorbereitet werden.

- Sortieren Sie zunächst faulige Früchte, Zweige, Blätter und Stängel sorgfältig aus, und waschen Sie die Äpfel gründlich.
- Als Nächstes müssen die Äpfel mit einer Rätzmühle gemahlen werden. Dabei ist es vor allem wichtig, die richtige Konsistenz herzustellen, d. h., es sollte eine feine, breiige Masse entstehen, die gleichmäßig vergärt. Achten Sie außerdem darauf, dass das Mahlwerk so eingestellt ist, dass die Apfelkerne beim Mahlen nicht zerrieben werden.
- Fügen Sie der Apfelmasse als Nächstes ein pektolytisches Enzympräparat (z. B. Ultra fruit von Schliessmann) zum besseren Verflüssigen der Maische zu, wobei Sie sich hinsichtlich der Menge bitte nach den Angaben des Herstellers richten. Verdünnen Sie die Enzyme mit Wasser, und rühren Sie die Mischung gründlich unter den Apfelbrei.
- Füllen Sie die Apfelmasse nach dem Mahlen sofort in den bzw. die Maischebehälter, da der Apfelbrei jetzt schnell von in der Luft befindlichen Essigbakterien verdorben werden kann. Der Behälter muss so groß sein, dass er nur zu drei Vierteln gefüllt ist, damit der bei der Gärung entstehende Schaum genügend Platz zum Aufsteigen hat.
- Überprüfen Sie nun den Säuregehalt der Maische mit einem Teststreifen, der den pH-Wert des Apfelbreis anzeigt. Für eine optimale Vergärung braucht die Maische einen pH-Wert von 3 bis 3,3. Durch Zugabe von Schwefelsäure können Sie einen zu hohen pH-Wert senken bzw. mit dem Säurekombinat MS einen zu niedrigen Säuregehalt erhöhen.

- Um die Umwandlung des in der Maische enthaltenen Zuckers zu Alkohol in Gang zu bringen, muss der Maische nun Hefe zugesetzt werden, wobei pro 100 Liter Maische 20 Gramm Trockenreinzuchthefe benötigt werden (z. B. Aroma plus von Schliessmann). Diese Hefe wurde speziell für Brennmaischen entwickelt und erlaubt ein aromaschonendes Vergären der Maische, sie muss jedoch zuerst rehydriert werden, d. h., das Wasser, das ihr zur Haltbarmachung entzogen wurde, muss wieder zugesetzt werden. Hierfür lassen Sie die Hefe in der zehnfachen Menge Wasser, das eine Temperatur von etwa 35 °C haben sollte, etwa 15 Minuten quellen. Dann geben Sie die gequollene Hefe zur Maische und vermischen beides gründlich mit einem sauberen Rührstab.
- Verschließen Sie den Maischebehälter mit dem passenden Deckel, und setzen Sie den Gärspund ein. Dieser Gärspund dient dazu, das bei der Gärung entstehende Kohlendioxyd nach außen abzuleiten. Gleichzeitig verhindert er, dass schädliche Bakterien von außen in die Maische gelangen und sie verderben. Aus diesem Grund besteht das Innere des Spundes auch nicht aus einem festen Material, sondern wird mit einer Sperrflüssigkeit, z. B. mit Wasser, befüllt, die das Austreten der Gase ermöglicht, aber trotzdem ausreichend dicht schließt.

Räume, in denen größere Mengen Maische vergoren werden, müssen gut durchlüftet sein. Kohlendioxyd ist schwerer als Luft und lagert sich am Boden ab. Beim Arbeiten in Bodennähe kann man deshalb ohnmächtig werden.

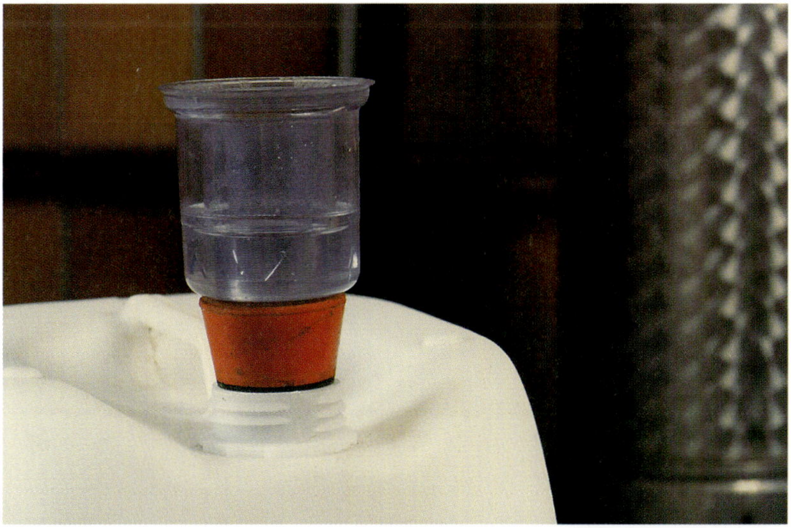

Der Gärspund im Maischebehälter wird meist mit Wasser gefüllt. Er hält die Bakterien von der Maische fern und leitet Kohlendioxyd ab.

Die Gärungsphase

Für eine optimale Gärung muss der Maischebehälter nun an einen Platz gestellt werden, der eine konstante Temperatur von 15 bis 18 °C gewährleistet. Wichtig ist, dass Sie den Gärungsverlauf während der gesamten Gärungsphase, die etwa zwei Wochen dauert, täglich überwachen. Dazu gehört auch, dass Sie den Gärspund während der Gärung immer wieder überprüfen. Er darf nicht durch Schaum verschmutzt sein und muss immer mit ausreichend Sperrflüssigkeit befüllt sein.

Zu Beginn verläuft die Gärung stürmisch, d. h., Sie können ein kräftiges Blubbern im Maischebehälter hören, auf der Oberfläche der Maische bildet sich Schaum, und aus dem Gärspund treten vermehrt Kohlendioxydblasen aus. Je weiter die Umwandlung des Zuckers zu Alkohol fortschreitet, desto ruhiger wird es im Maischebehälter, bis sich gegen Ende der Gärung der Schaum zurückbildet und die festen Stoffe der Maische an den Boden des Maischebehälters sinken.

Die Gärung ist beendet, wenn das Blubbern aufgehört hat und die Maische keine Bewegung mehr zeigt. Noch genauer lässt sich das Ende des Gärungsprozesses jedoch mit einem Saccharometer, einer Mostwaage oder mit Hilfe von Teststreifen feststellen: Zeigt das Saccharometer nur noch einen Restzuckergehalt von ein bis drei Prozent/Masse bzw. die Mostwaage nur noch 4 ° bis 12 ° Öchsle an, ist die Gärung abgeschlossen. Gleiches gilt, wenn der in die Maische gesteckte Teststreifen anhand der Farbveränderung einen Restzuckergehalt von unter 1,5 Gramm/Liter aufweist.

Die Gärung ist abgeschlossen, wenn das Blubbern aufgehört hat und das Saccharometer noch einen scheinbaren Restzuckergehalt von ein bis drei Prozent in der Masse oder die Mostwaage noch 4 ° bis 12 ° Öchsle anzeigt.

Was tun, wenn die Gärung ins Stocken gerät?

Mitunter kommt es zu einer Unterbrechung der Gärung, d. h., die Blubbergeräusche in der Maische sind nach wenigen Tagen nicht mehr zu hören. Diese Störung sollten Sie sofort beheben, indem Sie die Maische kräftig umrühren und erneut Hefe, gegebenenfalls auch Hefenährsalze hinzufügen. Außerdem sollte die Gärtemperatur in diesem Fall auf 18 bis 20 °C angehoben werden.

Brennen der Apfelmaische

Nach Beendigung der Gärung sollten Sie zügig mit dem Brennen der Maische beginnen, um ein Umschlagen oder eine nachträgliche Verunreinigung der Maische zu verhindern. Oberstes Gebot für einen optimalen Verlauf des Brennvorgangs ist auch jetzt peinliche Sauberkeit, d. h., die Brennanlage darf keinerlei Rückstände von Schmutz, Grünspan oder anderen Verunreinigungen aufweisen. Reinigen Sie die Brennanlage deshalb gründlich. Überprüfen Sie auch den Wasserstand im Brennblasenbehälter, in dem immer genügend Raum für den aufsteigenden Wasserdampf freibleiben muss.

Das Ergebnis des ersten Durchlaufs ist ein Raubrand mit 17 bis 25 Volumenprozent Alkohol. Die Destillatmenge entspricht etwa 25 bis 30 Prozent der Maische.

Der Raubrand

Im nun folgenden ersten Arbeitsgang wird der Raubrand gewonnen, bei dem die flüchtigen Bestandteile der Maische von den festen abgetrennt werden. Zu den flüchtigen Stoffen gehören Substanzen wie Alkohole, Aldehyde, Ester, Säuren und Aromastoffe, während sich die festen Bestandteile aus den Gewebeteilen des Fruchtfleischs, Kernen, nicht vergärbarem Zucker, Aminosäuren, Mineralstoffen unter anderen zusammensetzen. Sie bleiben nach dem Brand als »Schlempe« in der Brennblase zurück und werden entsorgt.
Befüllen Sie als Erstes die Brennblase zu höchstens drei Vierteln mit Maische, damit ihr nach dem Erwärmen genügend Raum zum Ausdehnen bleibt. Rühren Sie die Maische noch einmal gründlich um, so dass sie möglichst homogen ist, und heizen Sie das Gerät langsam und gleichmäßig auf, da sich die Aromastoffe sonst nicht entwickeln können und die Qualität des Brandes leidet.

Die richtige Brenngeschwindigkeit

In einer Wasserbadbrennanlage haben Sie die größtmögliche Kontrolle über die Beheizung, so dass es in der Regel relativ einfach ist, die richtige Geschwindigkeit einzustellen. Diese Brenngeschwindigkeit bemisst sich nach der Alkoholmenge, die pro Stunde gewonnen wird, d. h., sie sollte bei einer 150-Liter-Brennblase bei etwa 10 bis 15 Liter Destillat pro Stunde liegen. Läuft das Destillat deutlich schneller, müssen Sie die Wärmezufuhr reduzieren, läuft es dagegen wesentlich langsamer, müssen Sie die Wärmezufuhr erhöhen. Achten Sie vor allem darauf, dass Sie während der letzten 10 °C vor Erreichen des Siedepunkts besonders langsam heizen, da Sie sonst ein Überschäumen der Maische riskieren.

Der Vorlauf wird nicht wieder einem neuen Raubrand zugesetzt, da er viele schädliche Stoffe enthält. Er kann aber sehr gut als Einreibemittel oder zum Ansetzen von Tinkturen verwendet werden.

Bei ausreichender Wärme beginnt das Destillat mit einem anfänglichen Alkoholgehalt von etwa 50 Prozent bald an der Vorlage (siehe Seite 38) zu laufen. Mit zunehmender Brenndauer sinkt der Alkoholgehalt dann langsam immer mehr ab, bis mit dem Alkoholmeter nur noch zwei bis drei Prozent Alkohol gemessen werden können.

Nun sollten Sie den Vorgang beenden, denn jedes weitere Brennen wäre jetzt nicht mehr sinnvoll und würde nur zu einer unerwünschten Verdünnung des Raubrandes führen. Das im ersten Durchgang gewonnene Destillat ist noch trüb und schmeckt sehr unangenehm, da sich im Raubrand noch viele unerwünschte Geschmacks- und Aromastoffe befinden.

Viele Whiskeydestillerien bieten für Interessenten Besichtigungen mit anschließender Verkostung an.

Der Feinbrand

Der zweite Arbeitsgang, das Feinbrennen, dient dazu, aus dem groben Raubrand einen qualitativ hochwertigen Apfelbrand zu erzeugen, d. h., der Alkoholgehalt wird erhöht, und die das Aroma negativ beeinflussenden Stoffe wie Azetaldehyde und Essigester werden ausgeschieden. Um dies zu erreichen, wird der Raubrand in Vor-, Mittel- und Nachlauf geschieden, wobei Vor- und Nachlauf die schädlichen Stoffe enthalten, während der Mittellauf den hochwertigen Brand ergibt. Auch bei diesem Arbeitsgang ist es wichtig, sämtliche Teile des Brennapparates sowie alle verwendeten Geräte gründlich zu reinigen.

Um den Brand vor Verunreinigungen zu schützen, müssen vor Beginn des Feinbrandes alle Teile des Brennapparates sowie alle anderen Geräte, die mit dem Destillat in Berührung kommen, gründlich gereinigt werden.

Der Vorlauf

- Gießen Sie zuerst einen Teil des im ersten Durchgang gewonnenen Raubrandes in die Brennblase, wobei die Blase auch jetzt nur zu drei Vierteln gefüllt werden darf, da die Flüssigkeit durch das Erwärmen genügend Raum zum Ausdehnen braucht.
- Heizen Sie den Raubrand nun langsam bis zum Siedepunkt an. Wird er zu schnell erwärmt, besteht die Gefahr, dass zu viele wertvolle Aromen in den Vorlauf gelangen.
- Nach etwa einer Stunde beginnt das Vorlaufdestillat, dessen Alkoholgehalt bei etwa 80 Volumenprozent liegt, tropfenweise an der Vorlage zu laufen. Ab jetzt ist höchste Aufmerksamkeit erforderlich, um den richtigen Zeitpunkt zum Umstellen auf den Mittellauf abzupassen. Dieser Moment kann sinnvollerweise nur durch Probieren bestimmt werden, indem Sie den Vorlauf nacheinander in 200-Milliliter-Messbechern auffangen und verkosten. Dabei gilt: Solange noch schädliche Vorlaufstoffe destilliert werden, riechen die Proben stechend nach Nagellack und schmecken beißend und bitter. Sobald die Proben nicht mehr nach Vorlauf riechen und schmecken, müssen Sie auf Mittellauf umschalten. Tipp: Um die alkoholisch hoch konzentrierten Proben besser erschmecken zu können, sollten Sie die Flüssigkeit vor dem Kosten zuerst mit Wasser verdünnen.

Der Mittellauf

- Der Mittellauf wird nun in einem neuen Gefäß gesammelt und ergibt den hochwertigen Apfelbrand. Während des Mittellaufs ist es wichtig, den Raubrand möglichst schonend, d. h. langsam und gleichmäßig zu destillieren, da nur so ein optimales Aroma gewonnen wird. Der Mittellauf beginnt mit einem Alkoholgehalt von etwa 70 bis 80 Volumenprozent und beträgt – bezogen auf 100 Liter Raubrand – etwa 30 Liter.
- Während des Abbrennens sollte der Alkoholgehalt des Destillats an der Vorlage immer wieder kontrolliert werden. Sobald er unter 50 Volumenprozent sinkt, müssen Sie den Mittellauf in regelmäßigen Abständen verkosten, um den richtigen Zeitpunkt für das Umschalten auf den Nachlauf nicht zu versäumen.
- Schalten Sie beim ersten Wahrnehmen eines fuselartigen, faden Geschmacks und fauligen Geruchs auf Nachlauf um, denn dies sind erste Anzeichen für das Auftreten von Fuselölen, Fettsäuren, Ester und anderen unerwünschten Stoffen, deren Anteil von jetzt an zunimmt. In jeden Fall auf Nachlauf umschalten müssen Sie, wenn sich das Destillat zu trüben beginnt, da diese Eintrübungen untrügliche Anzeichen für Fuselstoffe sind. Entfernen Sie nun das Gefäß, in dem Sie den Mittellauf aufgefangen haben, und stellen Sie für das restliche Destillat, den Nachlauf, ein neues Gefäß unter die Vorlage.

Der richtige Zeitpunkt, auf den Nachlauf umzuschalten, ist gekommen, wenn Sie beim Verkosten einen fuselartigen, faden Geschmack und fauligen Geruch wahrnehmen – Anzeichen für das vermehrte Auftreten von Fuselölen, Fettsäuren, Ester und anderen unerwünschten Stoffen.

Der Nachlauf

Den Nachlauf können Sie nun schneller abbrennen, da er für die Qualität des Brandes keine Bedeutung mehr hat. Er umfasst – bezogen auf 100 Liter Raubrand – etwa 25 Liter und hat einen durchschnittlichen Alkoholgehalt von etwa 20 Volumenprozent.

Diesen Nachlauf sollten Sie auf keinen Fall mit noch zu brennendem Raubrand vermischen, da dieser sonst zu sehr mit den unerwünschten Stoffen angereichert würde. Sie können jedoch die Vor- und Nachläufe der verschiedenen Durchgänge sammeln und alles zum Schluss gemeinsam abbrennen.

Reifen des Brandes

Auch wenn der Apfelbrand jetzt im Prinzip fertig ist, braucht das Destillat anschließend noch einige Zeit zum Reifen, um sein volles Aroma entwickeln zu können. Dafür wird der Brand sechs bis acht Wochen lang bei Zimmertemperatur in einem dunklen Raum gelagert. Die Gefäße, in denen der Brand heranreift, sollten immer geschmacksneutral sein, d. h., sie dürfen keinerlei Geschmacksstoffe an den Alkohol abgeben. Besonders gut bewährt haben sich für diesen Zweck sorgfältig gereinigte Glas- und Edelstahlbehälter.
Wichtig ist auch die richtige Temperatur: Wärme beschleunigt zwar den Reifungsprozess, ein zu warmer Lagerraum kann jedoch auch zu Aromaverlusten führen, während zu kühle Temperaturen die Reifung deutlich verlangsamen. Besonders schädlich wirken sich jedoch Temperaturschwankungen und starke Lichteinstrahlung auf den Reifungsprozess des Brandes aus, da sie die unerwünschte chemische Reaktionen auslösen. Füllen Sie den frisch gebrannten Apfelbrand bis zu drei Vierteln in den/die Behälter, damit die Flüssigkeit genügend Raum zum Ausdehnen hat, und verschließen Sie die Gefäße fest mit einem passenden Korken. Schneiden Sie den Korken anschließend leicht ein, damit genügend Sauerstoff an den Apfelbrand gelangen kann. Sauerstoff ist deshalb wichtig, um bestimmte chemische Prozesse im Apfelbranddestillat auszulösen, die störende Stoffe abbauen und aromafördernde Substanzen aufbauen.

Für die Lagerung von Bränden sollten immer Glas- oder Edelstahlbehälter verwendet werden. Nur einige Spezialbrände, bei denen eine Geschmacksbeeinflussung erwünscht ist, werden in Holzfässern gelagert.

Verschneiden des Brandes

Reiner Apfelbrand besitzt einen Alkoholgehalt von 60 bis 70 Volumenprozent und wird deshalb nach Abschluss der Reifezeit mit geruchs- und geschmacksneutralem weichen Wasser auf Trinkstärke verdünnt, was in der Fachsprache »verschneiden« genannt wird. Nach den derzeit geltenden EU-Bestimmungen muss der Mindestalkoholgehalt von im Handel angebotenen Spirituosen 37,5 Volumenprozent

betragen, selbst gebrannter Apfelbrand wird jedoch meist auf 40 bis 45 Volumenprozent Alkohol verschnitten, da das feine Aroma bei diesen Werten am besten zur Geltung kommt. Manche bevorzugen sogar einen Alkoholgehalt von etwa 50 Volumenprozent.
Das Verschneiden eines Brandes erfordert viel Fingerspitzengefühl, da es dabei sehr leicht zu Eintrübungen des Destillats kommen kann. Wichtig ist außerdem, dass der Härtegrad des Wassers nicht mehr als 5 °d (d = Deutscher Härtegrad) beträgt. Ebenso muss das Wasser, das die gleiche Temperatur haben sollte wie der Apfelbrand, dem Alkohol zugesetzt werden und nicht umgekehrt. Zum Verschneiden fügen Sie das Wasser am besten portionsweise und in geringer Menge unter ständigem Rühren dem Apfelbrand zu und prüfen immer wieder den Alkoholgehalt. Ist der gewünschte Alkoholgehalt fast erreicht, sollten Sie das Wasser nur noch tropfenweise zugießen, um eine zu starke, nicht mehr rückgängig zu machende Verdünnung zu vermeiden.

Filtern des Brandes

Auch in Ihrem trinkreifen Apfelbrand befinden sich noch Trubstoffe, die Sie herausfiltern müssen. Lagern Sie den Brand deshalb noch einmal für zwei Wochen bei etwa 0 °C, da sich die Stoffe, die den Trub verursachen, mit dem Absinken der Temperatur zunehmend verfestigen. Auch die Temperatur, bei der Sie den Brand anschließend in neue, saubere Gefäße filtern, sollte unter der Lagertemperatur liegen, da sich die verfestigten Trubstoffe sonst wieder auflösen. Als Filtergeräte können Sie Trichter-, Rund-, Zylinder-, Kerzen- oder Schichtfilter verwenden, die im Handel bzw. Fachhandel angeboten werden.

Je tiefer die Temperatur ist, desto kürzer kann die Lagerzeit gehalten werden. Bei -10 °C reichen drei bis vier Tage, um den Vorgang des Absetzens der Trubstoffe abzuschließen.

Abfüllen des Brandes

Der letzte Arbeitsgang – das Abfüllen des Apfelbrandes in die endgültigen Lagergefäße – ist relativ problemlos, da bei solchen hochprozentigen Alkoholika keine Infektionen durch Mikroorganismen mehr drohen. Achten Sie jedoch trotzdem darauf, dass die dafür vorgesehenen Flaschen sehr sauber sind, da der gefilterte Apfelbrand so klar ist, dass selbst kleinste Schmutzteilchen gut sichtbar sind und den optischen Eindruck stören.

Sofern an den Lagergefäßen keine Abfüllvorrichtungen angebracht sind, füllen Sie den gefilterten Apfelbrand am besten mit Hilfe eines Schlauches um, indem Sie die Flüssigkeit ansaugen. Das andere Ende des Schlauches wird anschließend in die endgültige Flasche gehalten, die jedoch niedriger stehen muss als das Lagergefäß. Füllen Sie die Flaschen außerdem niemals randvoll, damit der Alkohol bei Erwärmung die Flasche nicht sprengt. Verschließen Sie die Flaschen zum Abschluss entweder mit der Hand oder mit einer Korkmaschine. Eine solche Korkmaschine, die für verhältnismäßig wenig Geld im Fachhandel erhältlich ist, hat den Vorteil, dass die Korken garantiert dicht schließen.

Lagern Sie den fertigen Apfelbrand noch einige Wochen an einem dunklen und warmen Ort. Während des Nachreifens wird der ursprünglich eher raue Geschmack des Apfelbrandes wesentlich milder und harmonischer.

Beim Abfüllen des Apfelbrandes ist darauf zu achten, dass die Flaschen keimfrei sauber sind. Nach einigen Wochen Nachreifen hat der Brand Trinkqualität.

Die Brände werden mit Hilfe von modernen Abfüllanlagen in Flaschen gefüllt. Auch das Verschließen der Flaschen geschieht maschinell.

Im Sommer, wenn frische Beeren angeboten werden, sollten Sie daraus einen Beerenobstbrand zubereiten.

Der Zuckergehalt der Früchte ist ausschlaggebend für die Alkoholausbeute des Destillats. Er ist umso höher, je ausgereifter die Früchte sind. Bei unreifen Früchten ist er noch nicht voll ausgebildet, und bei überreifen Früchten wird er wieder abgebaut.

Obstbrände und -geiste

Alle in diesem Kapitel vorgestellten Obstbrände werden nach der gleichen Methode gebrannt wie ein Apfelbrand. Der Schwerpunkt bei den folgenden Beschreibungen liegt deshalb auf den Besonderheiten, die beim Vorbereiten, Einmaischen und Destillieren der einzelnen Obstsorten beachtet werden müssen.

Beerenobstbrand

Beeren sind wegen ihres zarten Aromas eine beliebte Zutat in Obstbränden, ergeben aber nur eine geringe Alkoholausbeute und müssen deshalb in entsprechend großen Mengen verarbeitet werden. Außerdem schimmeln Beerenfrüchte nach der Ernte sehr schnell und sollten aus diesem Grund immer gleich nach dem Pflücken eingemaischt und zügig weiterverarbeitet werden. Durch eine rasche Verarbeitung lässt sich zudem am meisten von dem typischen Beerenaroma erhalten, das sonst leicht durch fremde, kräftigere Geschmacksstoffe überlagert wird. Damit der Obstbrand sicher gelingt, sollten Sie außerdem noch folgende Besonderheiten beachten.

- Saftige Beeren wie Himbeeren, Brombeeren und Erdbeeren zerquetschen Sie am besten mit einem Holzstampfer.
- Pektin abbauende Enzyme, die häufig für eine Verflüssigung der Maische eingesetzt werden, brauchen Sie dem Fruchtbrei nicht zuzusetzen. Da die Beerenfrüchte jedoch sehr stickstoffarm sind, sollten Sie der Maische auf jeden Fall Hefenährsalze (Ammoniumphosphat) zugeben, damit der Zucker besser in Alkohol umgewandelt werden kann.
- Beeren sollten schonend gebrannt werden, d.h., die Maische darf nur langsam zum Sieden gebracht werden.
- Während der Reifung und Lagerung von Bränden aus Beerenobst sollte die Temperatur 15 °C nicht übersteigen, und die Brände müssen während dieser Zeit vor Licht und Luft geschützt werden.

Holunderbeerbrand

Holunderbeeren haben wie die meisten Beerensorten nur einen niedrigen Zuckergehalt, entsprechend gering ist deshalb auch die Alkoholausbeute. Ein wirklich volles Aroma können Sie zudem nur mit vollständig ausgereiften Holunderbeeren erzielen.

- Zur Vorbereitung der Beeren gehört neben dem Waschen auch das Entfernen der Stiele und Kämme, was gut mit Hilfe eines Rebbelgitters oder einer Rebbelmaschine geschieht. Etwas zeitraubender ist das Entfernen von Hand mit einer Gabel oder einem Kamm.
- Dann werden die Beeren in einer Maischemühle zerquetscht und während des Einmaischens mit Enzymen (siehe Seite 42) und Reinzuchthefe versetzt (siehe Seite 43). Da Holunderbeeren kaum Säure und Nährstoffe für die Hefe enthalten, müssen Sie außerdem Hefenährsalze (aus dem Fachhandel) und Säure als Gärhilfe zufügen und nach der etwa 14-tägigen Gärungsphase sofort mit dem Brennen beginnen.
- Da Holundermaische bei der Erwärmung zu übermäßiger Schaumbildung neigt, empfiehlt es sich, vor dem Brennen ein Antischaummittel (aus dem Fachhandel) zuzugeben.

Wegen des geringen Zuckergehalts und der damit einhergehenden geringen Alkoholausbeute werden Beeren meist nicht direkt gebrannt, sondern zu Geisten verarbeitet (siehe Seite 56).

Kernobstbrand

Kernobst hat gegenüber dem empfindlichen Beerenobst den Vorteil, dass es zum Teil monatelang dunkel und kühl gelagert werden kann, ohne dass große Aromaverluste entstehen. Manche späte Kernobstsorten entwickeln ihr volles Aroma sogar erst nach längerer Lagerzeit. Wichtig bei Kernobst ist vor allem, dass nur voll ausgereifte Früchte zu Obstbränden verarbeitet werden.

- Nach dem Aussortieren von Stielen, Blättern und faulen Früchten muss das Obst zuerst sorgfältig gewaschen werden.
- Weiche Früchte werden anschließend mit einem Holzstampfer zerdrückt, ohne dass die Kerne dabei beschädigt werden.
- Neben der Zugabe von Reinzuchthefe benötigt die Maische Pektin abbauende Enzyme und Hefenährsalze (aus dem Fachhandel), damit

der Zucker gleichmäßig zu Alkohol vergären kann. Außerdem muss die Maische mit Schwefelsäure oder einem Säurekombinat auf einen pH-Wert von 3,0 eingestellt werden.

- Nach Abschluss der Gärungsphase sollte die Maische möglichst unverzüglich und schonend abgebrannt werden.

Nach dem Brennen sollte der Williams-Christ-Brand einige Tage bei etwa 0 °C lagern. Danach kann er mit feinen Filtern schonend geklärt werden.

Birnen

- Die Birnen sollten möglichst vollreif gepflückt werden, dürfen innen jedoch noch nicht braun sein.
- Zuerst werden die Früchte vorbereitet und zu einem homogenen Mus verarbeitet, das sofort in einen sauberen Gärbehälter gegeben wird.
- Pro 100 Liter Maische werden jetzt 10 bis 20 Gramm Reinzuchthefe und 10 bis 15 Milliliter Pektin abbauende Enzyme zugegeben (siehe Seite 42f.). Nach zwei Stunden wird die Maische außerdem auf einen pH-Wert von 3,0 angesäuert (ca. 50 Gramm pro 100 Liter Maische) und anschließend bei einer Temperatur von 12 bis 15 °C vergören.
- Nach dem Abschluss der Gärungsphase (Restzuckerkontrolle siehe Seite 44) sollte die Maische dann möglichst sofort gebrannt werden.

Steinobstbrand

Bei Bränden, die aus Aprikosen, Kirschen, Mirabellen, Schlehen oder Zwetschgen hergestellt werden, wird das typisch »steinige« Aroma zum einen durch den spezifischen Geschmack der Frucht bewirkt, zum anderen durch die Geschmacksstoffe, die durch die Schale der Steine hindurch beim Erwärmen an die Maische abgegeben werden.

- Für ein möglichst volles Aroma des Brandes müssen die Früchte gut ausgereift sein, da sie im Gegensatz zu Kernobst nicht mehr nachreifen. Die meisten Aromastoffe enthalten sie, wenn sie nach einer längeren sonnigen Periode geerntet werden.
- Bei der Vorbereitung des Obsts werden zuerst alle faulen Früchte sowie Stängel und Blätter sorgfältig aussortiert.

- Beim Zerkleinern der Früchte sollten die Steine nicht unnötig zerstört werden, da sonst ein zu starkes Bittermandelaroma entstehen kann.

Kirschen

Vor allem die späten kleinfruchtigen schwarzen Kirschen ergeben einen hervorragenden Brand, während frühe Kirschsorten wegen ihres geringeren Aromas und der mangelnden Ausbeute weniger gut zum Destillieren geeignet sind. Ein besonders aromatischer Brand lässt sich aus den kleinen süßen Vogelkirschen herstellen. Manche Sauerkirschen besitzen zwar einen höheren Zuckergehalt als Süßkirschen, meist aber nur wenig Aroma und sollten deshalb immer mit Süßkirschen vermischt werden, wobei ihr Anteil nicht mehr als 15 bis maximal 20 Prozent betragen sollte.

- Für einen Kirschbrand mit besonders intensivem Steinaroma können Sie einige zerbrochene Kirschkerne mit in die Maische geben, jedoch nie mehr als höchstens fünf Prozent der gesamten Fruchtmenge.
- Zum Schutz vor schädlichen Mikroorganismen sollten Sie der Maische außerdem einen Säureschutz, etwa ein Säurekombinat oder Schwefelsäure, zufügen (siehe Seite 42).

Das Destillat aus Kirschen wird handelsüblich auch als »Kirschwasser« bezeichnet. Die kleinen geschmacksintensiven Vogelkirschen ergeben einen besonders aromareichen Brand.

Aromatische Kirschen zählen zu den beliebtesten Früchten für die Herstellung des Obstbrands. Er wird nicht nur gerne getrunken, sondern auch zum Backen oder für Desserts verwendet.

Pflaumen, Zwetschgen und Mirabellen

- Wegen ihres geringen Zuckergehalts sind selbst vollreife Pflaumen nicht gut zum Brennen geeignet, im Gegensatz zu Mirabellen und Zwetschgen mit ihrem hohen Zuckergehalt von bis zu 15 Prozent.
- Saftarme, feste Früchte sollten vor dem Einmaischen zerkleinert und die Maische sollte zusätzlich mit etwas Wasser verflüssigt werden.
- Für ein intensives Bittermandelaroma können Sie bei Zwetschgen einige zerkleinerte Steine mit in die Maische geben, deren Anteil jedoch fünf Prozent der gesamten Fruchtmenge nicht übersteigen sollte. Bei der Verarbeitung von Mirabellen ist dies nicht nötig, da die Steine ausreichend Bittermandelaroma durch die Steinwände abgeben.

Der bekannte Slibowitz wird aus der sehr zuckerreichen Bosnischen Zwetschge hergestellt. Von Liebhabern wird auch das aromatische, in der Schweiz gebrannte Pflümliwasser geschätzt.

Schlehen

Auch aus Schlehen lässt sich ein guter Obstbrand destillieren, die Verarbeitung ist jedoch wegen ihres hohen Gerbstoffanteils, der großen Kerne und des sehr festen Fruchtfleisches nicht ganz unproblematisch.

- Die Schlehen sollten vor der Ernte ein bis zwei Frosttage abbekommen, da der Gerbstoffanteil teilweise abgebaut wird.
- Zur Verflüssigung der Maische werden Pektin abbauende Enzyme zugegeben sowie Reinzuchthefe und Hefenährsalze, um ein gleichmäßiges Vergären des Zuckers zu Alkohol zu gewährleisten. Ein Ansäuern der Maische ist nicht erforderlich, jedoch müssen zusätzlich 20 Gramm Ammoniumsulfit pro 100 Liter Maische zugefügt werden.
- Die Schlehenmaische darf nach der Beendigung der Gärung nicht sofort weiterverarbeitet werden, sondern sollte vor dem Abbrennen noch etwa ein bis zwei Monate lagern.

Obstgeiste

Obstgeiste haben den Vorteil, dass bei ihnen das Aroma der Früchte besonders gut zur Geltung kommt und zudem ein einziger Brenndurchgang genügt, um hochwertigen Alkohol zu gewinnen. Das

Herstellungsprinzip ist ganz einfach: Zunächst wird ein Ansatz aus zerkleinerten Früchten und 96-prozentigem Weingeist oder einem anderen hochprozentigen Alkohol hergestellt, der dann mit Wasser vermischt gebrannt wird. Am besonders beliebten Himbeergeist lässt sich das Verfahren der Geistherstellung sehr gut darstellen.

Das Verfahren der Obstgeistherstellung empfiehlt sich insbesondere bei Rohstoffen, die aufgrund ihres geringen Zuckergehalts und ihrer geringen Aromaintensität schwer zu brennen sind, wie beispielsweise Himbeeren oder Vogelbeeren.

Himbeergeist

- Für einen Himbeergeist können Sie frische oder tiefgefrorene Früchte verarbeiten, wobei frische Himbeeren zunächst verlesen und von Fremdkörpern wie Stängeln oder Blättern befreit werden müssen.
- Anschließend werden die Früchte mit einer Gabel zerdrückt und mit 96-prozentigem Alkohol (Weingeist) übergossen. Bei aromaschwachen Früchten beträgt das Mischungsverhältnis von Beeren und Alkohol 2:1, bei aromastarken Früchten dagegen 1,4:1.
- Dann wird der Ansatz gut umgerührt, verschlossen und mindestens 24 Stunden, besser noch einige Tage ruhen gelassen, damit der Alkohol das Aroma der Himbeeren vollständig aufnehmen kann.
- Für eine gute Alkoholausbeute wird die Alkohol-Himbeer-Maische mit Wasser vermischt, wobei das Verhältnis von Maische und Wasser 2:1 beträgt. Dann wird die Maische in einem Brenngerät ohne Verstärker in einem einzigen Arbeitsgang gebrannt, darf jedoch wie beim Feinbrand nur sehr schonend destilliert werden. Gewöhnlich muss kein Vorlauf abgetrennt werden, sondern bei einem Alkoholgehalt von 45 bis 50 Volumenprozent wird auf Nachlauf geschaltet, wobei die Nachlaufmenge von Obstgeisten erheblich geringer ist als bei vergorener Maische.

Brombeergeist

Auch für einen Brombeergeist sollten Sie nur reife, möglichst frisch gepflückte Früchte oder Tiefkühlbeeren verwenden. Frische Brombeeren müssen wie Himbeeren zunächst gründlich verlesen und von Fremdkörpern befreit werden. Für den Ansatz beträgt das Mischungsverhältnis von Beeren und 96-prozentigem Alkohol 1,3:1, da sich das ausgeprägte Aroma der Brombeeren bei diesem Verhältnis erfahrungsgemäß am besten entwickelt. Die weitere Verarbeitung zu Obstgeist erfolgt auf die gleiche Weise wie beim Himbeergeist.

Quittengeist

Für einen Quittenansatz sollten Sie ebenfalls nur gut ausgereifte Früchte verwenden. Nach dem Verlesen der Früchte und dem Entfernen von Blättern, Stängeln und anderen Fremdkörpern müssen Sie zunächst die Flaumschicht auf der Haut der Früchte durch Rubbeln entfernen, da sie Stoffe enthält, die sich nachteilig auf das Aroma des Quittengeistes auswirken. Beim Zerkleinern der Früchte sollten Sie auch darauf achten, dass die Kerne nicht beschädigt werden. Dann wird das Fruchtmus pro zehn Kilogramm Früchte mit fünf Liter 96-prozentigem Weingeist übergossen und der Ansatz anschließend einige Tage ziehen gelassen. Die Weiterverarbeitung zum Obstgeist erfolgt auf die gleiche Weise wie beim Himbeergeist.

Geiste werden nach dem gleichen Prinzip wie Obstbrände destilliert. Wichtig ist, dass die Geistmaische nicht angegoren ist, da das Brennen von vergorenen Maischen, die mit Alkohol versetzt sind, nicht erlaubt ist.

Schlehengeist

Ebenso wie für einen Schlehenbrand sollten Sie auch für einen Schlehengeist nur voll ausgereifte und bereits leicht überfrorene Früchte verarbeiten, d.h., die Schlehen werden entweder nach den ersten Frostnächten geerntet oder einige Tage in der Tiefkühltruhe gelagert. Anschließend werden die aufgesprungenen Früchte zerkleinert, ohne die Steine dabei zu beschädigen, und das Fruchtmus wird mit 96-prozentigem Alkohol im Verhältnis 2:1 übergossen. Dann lässt man den Ansatz etwa vier Wochen ziehen und verarbeitet die Maische anschließend weiter wie beim Himbeergeist.

Schwarzer Johannisbeergeist

Die Schwarzen Johannisbeeren sollten bei der Ernte voll ausgereift sein, damit der Johannisbeergeist ein gutes Aroma bekommt. Blätter, Stiele und angefaulte Beeren müssen zunächst entfernt werden. Dann werden die zerdrückten Beeren pro Kilogramm Fruchtmus mit zwei Liter 96-prozentigem Alkohol übergossen, einige Tage ziehen gelassen und danach wie beim Himbeergeist weiterverarbeitet.

Bei allen Ansätzen für Obstgeiste ist es empfehlenswert, die Gefäße während der Lagerung von Zeit zu Zeit gut durchzuschütteln.

Vogelbeergeist

Die Vogelbeeren werden nach dem ersten Frost geerntet und von Blättern, Stielen und anderen Fremdkörpern befreit. Die Früchte werden grob gemahlen, wobei Sie darauf achten sollten, dass die Kerne nicht zerquetscht werden. Dann werden pro Kilogramm Fruchtmus 1,5 Liter 96-prozentiger Alkohol zugefügt, und der wird Ansatz acht Tage ruhen gelassen, bevor er wie beim Himbeergeist weiterverarbeitet wird.

Aprikosengeist

Die vollreifen Aprikosen sollten Sie nur grob zerkleinern, ohne die Steine dabei zu beschädigen, da diese genug Bittermandelaroma durch die Steinwände abgeben. Die zerdrückten Früchte werden pro Kilogramm Früchtemus mit zwei Liter 96-prozentigem Alkohol übergossen, zwei bis drei Wochen ziehen gelassen und dann wie beim Himbeergeist weiterverarbeitet.

Beste, vollreife Früchte, die vor der Verarbeitung mindestens zwei Wochen in Alkohol ziehen, ergeben einen besonders edlen Aprikosengeist.

Besondere Brände

Im folgenden Abschnitt finden Sie Anleitungen zur Herstellung von Bränden, die von den bislang vorgestellten Standardverfahren abweichen oder, wie es beispielsweise bei der Verarbeitung von Wurzeln oft der Fall ist, eine eher örtlich begrenzte Spezialität sind.

Kräuterzusätze eignen sich besonders gut, um schwach aromatische Obstbrände geschmacklich aufzuwerten. Kräutermischungen hierfür gibt es in zahlreichen Variationen im Handel.

Kräuterbrand

Die Ausgangsmaterialien für Kräuterbrände sind spezielle Kräutermischungen, die Sie fertig abgepackt im Fachhandel bekommen (siehe Seite 93), und ein möglichst geschmacksneutrales Destillat wie beispielsweise Kornbrand oder 96-prozentiger Alkohol (Weingeist). Natürlich können Sie nach Belieben auch eine eigene Kräutermischung zusammenstellen.

- Für einen Kräuterbrand wird der Alkohol oder der Kornbrand zunächst mit Wasser auf einen Alkoholgehalt von etwa 30 Volumenprozent herabgesetzt, und die Kräuter werden entsprechend den Herstellerangaben mit dem Alkohol vermischt. Ersatzweise können Sie die Kräuter aber auch in engmaschigen Beuteln in den Dampfraum der Brennblase hängen, wo die Dämpfe die Aromabestandteile aus den Kräutern herauslösen. Die Destillation eines Kräuterbrandes wird dann in einem Arbeitsgang durchgeführt, wobei der Brand in Vor-, Mittel- und Nachlauf getrennt wird (siehe Seite 47).
- Kräuterspirituosen können Sie auch direkt aus Obstwein oder -maische herstellen. Dabei werden die Kräuter ebenfalls direkt in die Maische gegeben oder in einem Beutel in den Dampfraum der Brennblase gehängt. Der Brand erfolgt dann in einem einmaligen Durchgang, bei dem das Destillat in Vor-, Mittel- und Nachlauf getrennt wird. Da das fertige Kräuterdestillat beim Herabsetzen auf Trinkstärke stark zu Trübungen neigt, sollten Sie den Alkoholgehalt zunächst mit weichem Wasser auf etwa fünf Prozent unter die gewünschte Trinkstärke verdünnen, das Destillat filtern und anschließend mit 96-prozentigem Alkohol auf die gewünschte Trinkstärke einstellen.

Wacholderlutter – die Basis für Steinhäger

Wacholderbeeren werden getrocknet nicht nur als Würzmittel in der Küche, sondern auch gerne als Basis für Brände verwendet. Die Beeren haben einen hohen Gehalt an ätherischen Ölen und Harzen, die ihnen ihren charakteristischen herben Geschmack verleihen.

- Für den Brand werden die getrockneten Wacholderbeeren zunächst mit einem Holzmörser zerquetscht und anschließend mit der zweifachen Menge Wasser übergossen. Als Nächstes wird die Wacholdermaische zur besseren Vergärung mit Hefenährsalzen (aus dem Fachhandel, Mengenangaben des Herstellers beachten) versetzt und der Ansatz einige Tage gären gelassen.
- Anschließend wird die vergorene Wacholdermaische in einem Durchgang gebrannt, wobei das Destillat jedoch nicht in Vor-, Mittel- und Nachlauf getrennt wird. Das Destillat dieses Raubrandes wird auch Wacholderlutter genannt und hat einen Alkoholgehalt von sechs bis zwölf Prozent. Reiner Wacholderlutter wird jedoch nur noch selten getrunken, sondern meist als Grundstoff für den beliebten Steinhäger oder aber für spezielle Obstbrände weiterverarbeitet.

Anstatt die Wacholderbeeren zu vergären, können die zerquetschten Beeren auch mit einem 30-prozentigen Alkohol-Wasser-Gemisch übergossen und nach einer angemessenen Einwirkzeit destilliert werden.

Steinhäger

Das Ausgangsdestillat für Steinhäger setzt sich aus zwei bis sechs Prozent Wacholderlutter, 44 Prozent Kornbrand oder einem anderen Alkohol und etwa 50 Prozent weichem Wasser zusammen.

- Als Erstes werden die Zutaten gut miteinander vermischt und in die Brennblase gefüllt.
- Dann erfolgt der eigentliche Brand in einem einzigen Durchgang, der in Vor-, Mittel- und Nachlauf getrennt wird (siehe Seite 47f.). Der Mittellauf, der den trinkbaren Brand ergibt, hat einen durchschnittlichen Alkoholgehalt von 70 Volumenprozent. Sobald der Alkoholgehalt des Mittellaufs auf 40 bis 45 Prozent gesunken ist, wird auf Nachlauf umgeschaltet.
- Zum Schluss wird der Brand mit destilliertem Wasser auf die gewünschte Trinkstärke verschnitten.

Obstbrand mit Wacholder

Auch der Geschmack von Obstbränden lässt sich durch die Zugabe von getrockneten Wacholderbeeren abrunden bzw. aromatisieren. Für ein mildes Wacholderaroma rechnet man pro Brenndurchgang eineinhalb bis zwei Kilogramm Wacholderbeeren, für ein starkes Aroma werden bis zu fünf Kilogramm Beeren verwendet. Dabei hat es sich als sinnvoll erwiesen, lieber etwas mehr als zu wenig Beeren zuzugeben, da ein zu kräftiges Destillat mit neutralem Alkohol ganz leicht auf den gewünschten Geschmack eingestellt werden kann.

- Für die Herstellung eines Obst-Wacholder-Brandes werden die Beeren zuerst mit einer Gabel oder einem Mörser zerdrückt und mit Wacholderlutter vermischt.
- Dann wird die Mischung zusammen mit der Obstmaische vergoren (siehe Seite 44) und anschließend in einem Durchgang gebrannt, der in Vor-, Mittel- und Nachlauf getrennt wird (siehe Seite 47).

Ein gefragter Rohstoff für Obstbrände ist die Wurzel des Gelben Enzians. Sie kann mehrere Meter lang werden und wird in den Alpen geerntet. Getrocknet erreicht sie einen Zuckergehalt von ca. 30 Prozent. Die Wurzel des Blauen Enzians wird nicht verarbeitet.

Enzianbrand

Enzianbrand ist eine vor allem im Alpenraum weit verbreitete Spezialität, für die die geschützte Pflanze im landwirtschaftlichen Anbau kultiviert wird. Für den Enzianbrand werden nur die Wurzeln des Gelben Enzians verwendet, die zusammen mit Apfelmaische gebrannt werden.

- Für 100 Liter Maische benötigen Sie etwa drei Kilogramm Enzianwurzeln, die zunächst gründlich gewaschen und zerkleinert werden müssen. Dann geben Sie die zerkleinerten Wurzeln in die Apfelmaische, mischen alles gut und lassen die Maische wie beim Apfelbrand vergären.
- Als Nächstes wird die Apfel-Enzian-Maische in zwei Durchgängen als Rau- und Feinbrand gebrannt und der Feinbrand in Vor- Mittel- und Nachlauf getrennt. Der Mittellauf ergibt den trinkbaren Brand, den Sie nach Belieben mit einem neutralen Brand auf den gewünschten Geschmack einstellen können.
- Zum Schluss wird der Alkoholgehalt des Brandes mit destilliertem Wasser auf die gewünschte Stärke verschnitten.

Williams-Christ-Brand

Auch Williams-Christ-Birnen ergeben einen köstlichen Spezialbrand, für den Sie nur einwandfreie, vollreife Früchte verwenden sollten.

- Bei der Vorbereitung der Birnen gehen Sie auf die gleiche Weise vor wie bei einem normalen Kernobstbrand (siehe Seite 54).
- Damit die Maische besser vergären kann, geben Sie zunächst pro 100 Liter Maische zehn Gramm Reinzuchthefe sowie fünf bis zehn Milliliter Pektin abbauende Enzyme zu. Nach zwei Stunden wird die Maische dann mit Schwefelsäure (etwa 50 Gramm pro 100 Liter Maische) auf einen pH-Wert von 3,0 angesäuert und bei einer Temperatur von 12 bis 15 °C einige Tage vergoren (siehe Seite 42/43).
- Damit möglichst viele Aromastoffe erhalten bleiben, sollten Sie die Maische nach dem Gären möglichst rasch und schonend brennen. Für ein optimales Aroma ist es außerdem sinnvoll, den Vor- und Nachlauf des Feinbrandes sehr großzügig abzuscheiden (siehe Seite 47f.).
- Nach dem Brennen wird der Williamsbrand einige Tage bei etwa 0 °C gelagert, damit sich die Trubstoffe absetzen können. Anschließend füllt man die Flüssigkeit durch einen feinen Filter in gesäuberte Flaschen um, in denen sie möglichst dunkel bei einer Temperatur von 10 bis 12 °C aufbewahrt wird.

Wie Sie die berühmte »Birne in die Flasche« bekommen, um Ihrem Williamsbrand auch optisch gerecht zu werden, können Sie auf Seite 82 nachlesen.

Die Herstellung von Williams-Christ-Brand erfordert nicht nur eine hervorragende Qualität der Birnen, sondern auch etwas Geschick.

Früchte und Beeren kann man ganz einfach mit Zucker und Alkohol zu Ansatzlikören und -schnäpsen ansetzen.

Ansatzliköre und -schnäpse

Wenn Ihnen das Brennen von Obstschnäpsen zu kompliziert und langwierig ist, gibt es noch einen einfacheren und schnelleren Weg zu hausgemachtem köstlichen Schaps – das so genannte Ansetzen von Schnäpsen und Likören. Die Herstellung von Ansatzschnäpsen und -likören ist ganz einfach und basiert auf der Eigenschaft des Alkohols, die Aroma- und Inhaltsstoffe aus den jeweils verwendeten Früchten, Beeren, Samen, Nüssen oder Kräutern herauszulösen und als Trägersubstanz aufzunehmen.

Der Vorteil dieser Ansatzschnäpse liegt darin, dass sie in jeder Küche ohne großen Arbeits- und Zeitaufwand selber hergestellt werden können. Bei der Herstellung von Ansatzschnäpsen für Ihren persönlichen Verbrauch unterliegen Sie außerdem keinerlei gesetzlichen Bestimmungen. Wollen Sie Ihren selbst hergestellten Ansatzschnaps bzw. -likör jedoch vermarkten, müssen Sie die gesetzlichen Vorgaben einhalten, die je nach Ansatz unterschiedlich sind. So muss beispielsweise der vorgeschriebene Alkoholgehalt von Likören mindestens 15 Volumenprozent betragen, bei Eierlikör dürfen es dagegen nur 14 Volumenprozent sein. Auch der Mindestzuckergehalt ist je nach Likörsorte verschieden und muss bei einem gewerblichen Vertrieb streng eingehalten werden. Lediglich eine Toleranzgrenze von 0,3 Volumenprozent vom vorgeschriebenen Alkoholgehalt ist gesetzlich erlaubt, alle größeren Abweichungen sind dagegen strafbar.

Schwarzbrennen ist strafbar und wird wegen Steuerhinterziehung geahndet. Liköre und Ansatzschnäpse zuzubereiten ist dagegen erlaubt, da der hierfür benötigte Alkohol bereits versteuert wurde.

Die Basis – Weingeist, Wodka, Korn

Für Ansatzschnäpse und Liköre verwenden Sie am besten 96-prozentigen Alkohol (Weingeist). Er ist geschmacksneutral und eignet sich besonders gut, um die Aromastoffe auch aus sehr festen Rohstoffen wie beispielsweise Wurzeln, Nüssen und Samen herauszulösen. Kostengünstiger als der leider sehr teure Weingeist, jedoch ebenfalls gut für die Zubereitung von Ansätzen geeignet ist Kornbrand oder Wodka, wobei Letzterer noch geschmacksneutraler als Korn ist. Da bei beiden Alkoholsorten der Alkoholgehalt gewöhnlich zwischen 38 und 42 Volumenprozent liegt, haben sie außerdem den Vorteil, dass der Ansatz nach der Reifung nicht wie beim 96-prozentigen Weingeist mit Wasser auf Trinkstärke verdünnt werden muss.

Die Qualität der Ausgangsmaterialien ist entscheidend für die Qualität des Ansatzschnapses. Sortieren Sie angefaulte oder angeschlagene Früchte aus und verwenden Sie nur möglichst frische Rohstoffe.

Geeignete Zutaten

Zum Ansetzen von Schnäpsen und Likören steht Ihnen eine breite Palette von unterschiedlichsten Rohstoffen zur Verfügung. Dazu zählen u. a. fast sämtliche einheimischen Obst- und Beerensorten, Südfrüchte, Kräuter, Nüsse, Wurzeln, einige Samensorten wie beispielsweise Anis und Kümmel sowie junge Triebe von Nadel- und Laubbäumen. Bei der Kreation des eigenen Hausschnapses sind Ihrer Phantasie also fast keine Grenzen gesetzt! Achten Sie bei der Auswahl der Zutaten jedoch darauf, dass die verwendeten Pflanzen oder Pflanzenteile keine gesundheitsschädigenden Stoffe enthalten.

Das A und O: Beste Qualität

Die Qualität eines Ansatzschnapses wird in erster Linie von der Güte seiner Rohstoffe bestimmt, und auch bei der Likörzubereitung gilt, dass sich nur aus wirklich guten Zutaten ein anspruchsvolles Getränk herstellen lässt.

- Achten Sie deshalb auf besonders gute Qualität, und sortieren Sie angefaulte oder angeschlagene Früchte gleich aus.
- Verwenden Sie nur ganz frische Zutaten: Nüsse oder Samen, die lange lagern, haben viel von ihren Geschmacksstoffen eingebüßt.
- Ernten Sie Früchte nicht nach einer längeren Regenperiode oder nach einem Platzregen, da ihr Aroma dann weit weniger stark ist als bei Obst, das nach einer längeren Sonnenperiode geerntet wurde.

- Verwenden Sie nur ganz frische Kräuter. Wenn Sie Wildkräuter verarbeiten wollen, sollten Sie diese nicht am Straßenrand sammeln, wo sie durch die Autoabgase meist stark belastet sind. Machen Sie stattdessen lieber einen Ausflug in die unberührte Natur, um dort die Kräuter für Ihren Schnaps selbst zu ernten.
- Auch Wurzeln sollten aus möglichst unbelasteten Böden stammen. Da sie häufig stark verschmutzt sind, müssen sie vor der Weiterverarbeitung besonders gründlich gereinigt werden.
- Pflücken Sie Blüten nur in sonnigen Perioden, am besten am frühen Nachmittag, wenn der Tau abgetrocknet ist und sich die Blüten voll geöffnet haben.

Wollen Sie Wildkräuter verarbeiten, so sollten Sie diese nicht am Straßenrand sammeln, wo eine hohe Belastung durch Autoabgase gegeben ist.

Welche Geräte brauchen Sie?

Fast alle Geräte, die Sie zum Herstellen von Ansatzlikören und -schnäpsen benötigen, sind in einem normal ausgestatteten Haushalt bereits vorhanden. Ratsam ist lediglich die Anschaffung eines großen Glasballons für größere Mengen Schnaps. Außerdem brauchen Sie einen Gummischlauch, um die Ansatzflüssigkeit aus dem Ansatzgefäß abzuziehen (siehe Seite 67). Beides erhalten Sie im Fachhandel.

Geräte für Ansatzschnäpse und -liköre

- Waage zum Abwiegen der Rohstoffe
- Sieb zum Abspülen von Obst, Kräutern und Wurzeln
- Messer zum Zerkleinern der Rohstoffe
- Messbecher zum Abmessen der Flüssigkeiten
- Fest verschließbare Gefäße zum Ansetzen der Liköre und Schnäpse
- Gummischlauch zum Abziehen des Ansatzes
- Seihtuch (aus Baumwolle) zum Auspressen der angesetzten Früchte oder zum Filtern von Rückständen
- Filter und Filterpapier zum Filtern des Ansatzes
- Kunststofftrichter zum Abfüllen des Ansatzes
- Flaschen und Etiketten

Das richtige Ansatzgefäß

Für einen Ansatz werden die jeweiligen Früchte, Beeren oder Samen zusammen mit dem Alkohol in ein Ansatzgefäß gefüllt, dessen Volumen folglich immer um einiges größer sein muss als das der zugesetzten Frucht- und Alkoholmenge. Außerdem sollte die Öffnung des Gefäßes so groß sein, dass Sie die angesetzten Früchte auch ohne großes Herumgestochere wieder herausbekommen (bewährt haben sich in dieser Hinsicht größere Einweckgläser). Eine größere Ansatzmenge können Sie selbstverständlich aber auch gleichmäßig auf mehrere kleinere Ansatzgefäße verteilen. Wichtig ist nur, dass sich die Ansatzgefäße fest verschließen lassen, damit das Aroma der Früchte erhalten bleibt.

Auf das recht komplizierte Berechnen von Verschnittmengen zur Einstellung einer exakten Trinkstärke können Sie verzichten, denn beim Ansetzen für den eigenen Bedarf ist es unerheblich, ob das Getränk 34,2 oder 33,7 Volumenprozent Alkohol enthält.

Den Ansatz abziehen

Unter »Abziehen« eines Ansatzes versteht man, dass die klare Ansatzflüssigkeit, die sich während der Lagerzeit von den festen Stoffen des Ansatzes abgesetzt hat, mit Hilfe eines Gummischlauchs in das endgültige Lagergefäß abgesogen wird. Dabei muss das Gefäß, in das die Flüssigkeit umgefüllt wird, stets niedriger als das Ansatzgefäß stehen. Durch das natürliche Gefälle läuft die Flüssigkeit dann von alleine weiter durch den Gummischlauch, nachdem man sie mit dem Mund über den höchsten Punkt des Gummischlauchs angesaugt hat. Sie können den Schlauch also in die Abfüllflasche halten, bevor Ihnen die Flüssigkeit in den Mund läuft. Dies ist eine bewährte Methode, eine klare Ansatzflüssigkeit zu erhalten, ohne umständlich mit Filtern hantieren zu müssen. Filtern ist lediglich bei der Flüssigkeit sinnvoll, die Sie mit Hilfe des Seihtuches aus den Ansatzfrüchten auspressen. Sollten doch einmal grobe Rückstände in die klare Ansatzflüssigkeit gelangen, seihen Sie sie am besten durch ein feinmaschiges Baumwolltuch; feinere Rückstände werden entfernt, indem man sie durch einen handelsüblichen Kaffeefilter gibt.

Früchte und Beeren kann man ganz einfach mit Zucker und Alkohol zu Ansatzlikören und -schnäpsen ansetzen.

Verschneiden und Abschmecken

Likör wird in der Regel mit Zuckerwasser versetzt, um die typische Konsistenz und Süße zu erhalten, muss aber nur vor dem Gesetz eine bestimmte Süße haben. Wenn Sie es also lieber etwas herber oder süßer mögen, können Sie die Rezepturen nach eigenem Geschmack entsprechend korrigieren. Hinsichtlich des Süßens sollten Sie allerdings immer im Auge behalten, dass die Ansatzfrüchte selbst oft stärker süßen, als man vermutet, und damit die Gefahr des Übersüßens immer groß ist.

- Den zum Süßen verwendeten Zucker können Sie anstelle von Wasser auch in Wein auflösen. Verwenden Sie dafür jedoch nur trockene Weine, und erwärmen Sie diese zusammen mit dem Zucker, bis er sich vollständig aufgelöst hat. Der Ansatzlikör wird durch den gezuckerten Wein weicher und runder im Geschmack.
- Wasser, das zum Auflösen von Zucker oder zum Verschneiden von hochprozentigen Ansätzen verwendet wird, sollte geschmacksneutral, ungechlort und weich sein (maximal 5 °d). Leitungswasser sollten Sie zu diesem Zweck abkochen und filtern.

Sie können beim Süßen auch mit verschiedenen Zuckersorten wie beispielsweise Rohr- oder Kandiszucker experimentieren. Es muss durchaus nicht immer weißer Raffinadezucker sein!

Ansätze richtig lagern

Während der Reifezeit der angesetzten Früchte sollten Sie das Ansatzgefäß nicht in die pralle Sonne stellen. Wärme fördert zwar den Prozess der Sättigung des Alkohols mit den Inhaltsstoffen des Ansatzes, durch die Lichteinstrahlung kann es jedoch vor allem bei einigen Obst- und Beerenansätzen zu hässlichen braunen Verfärbungen kommen. Wesentlich besser ist es, den Ansatz an einem warmen, aber dunklen Ort ziehen zu lassen. Auch die fertigen Liköre und Schnäpse sollten dunkel gelagert werden und müssen zudem luftdicht verschlossen sein, damit sich die im Alkohol gelösten Aroma- und Geschmacksstoffe nicht verflüchtigen können.

Die Zugabe von Zucker hängt u. a. von der Süße der zu verarbeitenden Früchte ab. Prinzipiell benötigen reife Früchte weniger Zucker als unreife. Um einen Likör nicht zu überzuckern, sollten Sie ihn während des Süßens immer wieder verkosten.

Die besten Likörrezepte

Da Geschmäcker bekanntlich sehr verschieden sind – die einen bevorzugen dickere, milde und süße Liköre, die anderen wiederum lieben einen eher flüssigen und etwas herberen Likör –, gibt es für Likörrezepte auch keine Norm. Die folgenden Rezepte sollen vielmehr Anregungen sein für eigene, auf Ihren persönlichen Geschmack abgestimmte Liköre.

Ananaslikör

Zutaten

1/2 frische, gut ausgereifte Ananas • 1 unbehandelte Apfelsine
700 ml Kornbrand • 100 ml Ananassaft • 250 g Zucker
30 ml Rum • Rum, Whiskey oder Weinbrand zum Abschmecken

Zubereitung

1 Die Blätter und den Strunk der Ananas entfernen. Die Frucht gründlich unter fließendem Wasser abbürsten, schälen und Fruchtfleisch und Schale in kleine Stücke schneiden. 2 Die Apfelsine waschen. Die

Schale abschälen, die weiße Haut jedoch nicht entfernen. Fruchtfleisch und Schale in kleine Stücke schneiden. 3 Fruchtstücke und -schalen in das Ansatzgefäß geben und mit dem Kornbrand übergießen. Den Ansatz verschließen und 2 bis 3 Wochen an einem dunklen, warmen Platz ziehen lassen. Das Ansatzgefäß während dieser Zeit ab und zu gut schütteln. 4 Den Ansatz durch ein Sieb gießen und das Fruchtfleisch durchpassieren. Das Fruchtfleischmus in ein Seihtuch geben und noch einmal kräftig ausdrücken. Die Ansatzflüssigkeit filtern und in ein verschließbares Gefäß füllen. 5 Den Ananassaft erwärmen und den Zucker darin auflösen, abkühlen lassen und mit der Ansatzflüssigkeit vermischen. Den Rum ebenfalls untermischen und verkosten. Für einen kräftigeren Likör zusätzlich den Ansatz mit Rum, Whiskey oder Weinbrand abschmecken. Den Ananaslikör gut verschlossen 8 bis 10 Tage an einem warmen Platz ziehen lassen. 6 Die Ansatzflüssigkeit mit Hilfe eines Gummischlauchs vom Bodensatz abziehen und den Bodensatz filtern. Den fertigen Likör noch einige Zeit in der Flasche an einem warmen Ort reifen lassen (je länger er lagert, desto harmonischer und runder wird er im Geschmack).

Zum Filtern von Ansätzen eignen sich bei kleineren Mengen gewöhnliche Kaffeefilter. Der Filter verstopft nicht so schnell, wenn Sie beim Umgießen der Flüssigkeit darauf achten, dass der Bodensatz nicht aufgewirbelt wird.

Anislikör

Zutaten

45 g Anissamen • 1 g Zimt • 0,5 kg Zucker • 1 l 40%iger Kornbrand
Kornbrand zum Verschneiden

Zubereitung

1 Die Anissamen in einem Mörser fein zerstoßen und mit Zimt und Zucker in ein Ansatzgefäß geben. Alles mit dem Korn übergießen, das Ansatzgefäß gut verschließen und den Ansatz 5 bis 6 Wochen an einem warmen, dunklen Platz ziehen lassen. Den Ansatz während dieser Zeit wiederholt gut durchschütteln. 2 Den Ansatz durch einen Kaffeefilter in das endgültige Lagergefäß filtern und verkosten. Ist das Anisaroma des Likörs zu intensiv, mit klarem Korn auf den gewünschten Geschmack verschneiden. 3 Den fertigen Likör noch einige Zeit in der Flasche an einem warmen Ort reifen lassen (je länger, desto besser).

Apfelkorn

Zutaten

3 mittelgroße aromatische, leicht säuerliche Äpfel (z. B. Boskop)
1 l 40%iger Kornbrand • Kornbrand zum Verschneiden

Zubereitung

1 Die Äpfel waschen und vierteln. Die Stiele, den Blütenansatz und das Kerngehäuse entfernen. Die Äpfel in grobe Stücke schneiden, in ein gut verschließbares Ansatzgefäß geben und mit dem Kornbrand übergießen. Das Gefäß verschließen und etwa 4 Wochen an einem warmen, dunklen Ort ziehen lassen. Den Ansatz während dieser Zeit wiederholt durchschütteln. 2 Die Flüssigkeit mit Hilfe eines Gummischlauchs abziehen, filtern und verkosten. Fällt die Ansatzflüssigkeit nicht würzig genug aus, einen weiteren Ansatz mit frischen Äpfeln damit verwenden. Ist der Geschmack jedoch zu intensiv, den Apfelkorn mit klarem Kornbrand auf den gewünschten Geschmack einstellen.

Bei der Volumenberechnung von Ansatzflüssigkeiten müssen Sie berücksichtigen, dass sich das Volumen des Ansatzes durch die Zugabe von Zucker erhöht. 1 Kilogramm Zucker ergibt einen Zuwachs von 0,6 Liter!

Aprikosenlikör

Zutaten

500 g vollreife, dunkle, unbeschädigte Aprikosen • 250 ml Weingeist (96%iger Alkohol) • 200 ml Wasser • 150 ml Aprikosensaft
300 g Zucker • 100 ml Marillenbranntwein • 10 ml Rum
Zuckerwasser, Marillenbranntwein und Rum zum Abschmecken

Zubereitung

1 Die Aprikosen waschen, abtrocknen, entsteinen, klein schneiden und in das Ansatzgefäß geben. 2 Aprikosenkerne zerkleinern und ebenfalls zum Ansatz geben. 2 Den Weingeist mit dem Wasser vermischen und über die Aprikosen gießen. Den Ansatz gut verschlossen 4 Wochen an einem warmen, dunklen Ort ziehen lassen und während dieser Zeit wiederholt durchschütteln. 3 Die Ansatzflüssigkeit mit Hilfe eines Gummischlauchs aus dem Ansatzgefäß abziehen. Die Aprikosen in ein Seihtuch geben und gut in die Ansatzflüssigkeit ausdrücken.

4 Den Aprikosensaft erwärmen und den Zucker darin auflösen. Die abgekühlte Zucker-Saft-Mischung zusammen mit dem Marillenbranntwein und dem Rum zur Ansatzflüssigkeit geben und untermischen. **5** Die Ansatzflüssigkeit filtern und verkosten. Nach Belieben mit Zuckerlösung, Marillenbranntwein und Rum abschmecken.

Reine Fruchtsäfte eignen sich kaum zur Likörzubereitung, da die besonderen Aromastoffe, die in den ätherischen Ölen gebunden sind, beim Auspressen oder Dampfentsaften im Fruchtmus zurückbleiben. Sie können nur durch den Alkohol herausgelöst werden.

Brombeerlikör

Zutaten

300 ml Weingeist (96%iger Alkohol) • 10 ml Rum • 150 ml Wasser
300 g Zucker • 400 ml Brombeersaft aus frischen Früchten

Zubereitung

1 Den Weingeist mit dem Rum mischen und in das Ansatzgefäß geben. **2** Das Wasser erwärmen, den Zucker darin auflösen und mit dem Brombeersaft vermischen. Die noch warme Mischung in das Ansatzgefäß geben. **3** Den Ansatz gut verschlossen an einem warmen, dunklen Ort 4 bis 6 Tage ziehen lassen und filtern. **4** Den fertigen Likör noch einige Zeit in der Flasche an einem warmen Ort reifen lassen (je länger der Likör zieht, desto runder wird er im Geschmack).

Der Liköransatz wird durch einen Trichter, der mit einem sauberen Tuch ausgelegt ist, in die Flaschen gefüllt.

Eierlikör

Zutaten

15 mittelgroße Eigelbe • 300 g Zucker • 330 ml Wasser • 1 Eiweiß 230 ml Weingeist (96%iger Alkohol)

Zubereitung

1 Damit die Eigelbe bei der Verarbeitung nicht gerinnen, alle Zutaten auf Zimmertemperatur anwärmen. 2 Die Eigelbe in eine Schüssel geben, gründlich verrühren und durch ein Haarsieb passieren. 3 220 Milliliter Wasser erwärmen und den Zucker darin auflösen. Die Zuckerlösung auf Zimmertemperatur abkühlen lassen und langsam in kleinen Portionen unter ständigem Rühren unter die Eiercreme mischen. Das Eiweiß auf die gleiche Weise einrühren. 4 Den Weingeist mit dem restlichen Wasser vermischen und wie die Zuckerlösung unter den Ansatz rühren. 5 Den Eierlikör in eine Flasche abfüllen, die Flasche gut verschließen und den Likör kühl und dunkel lagern.

Erdbeerlikör

Zutaten

600 g aromatische, frische Erdbeeren • 350 ml Weingeist (96%iger Alkohol) • 350 ml Erdbeersaft • 100 ml Wasser • 250 g Zucker 1 Tropfen Zitronenöl • 20 ml Rum • Erdbeersaft, Zuckerwasser und Weingeist zum Abschmecken

Zubereitung

1 Die Erdbeeren waschen und gut abtropfen lassen. Die Stiele abzupfen und die Früchte mit einer Gabel gut zerquetschen. 2 Das Erdbeermus in ein verschließbares Ansatzgefäß geben und mit dem Weingeist übergießen. Den Ansatz an einem warmen, dunklen Platz 2 Wochen ziehen lassen und das Ansatzgefäß während dieser Zeit wiederholt durchschütteln. 3 Den Ansatz durch ein Seihtuch gießen und den Fruchtbrei gut in die Ansatzflüssigkeit ausdrücken. Die Ansatzflüssigkeit mit dem Erdbeersaft auffüllen. 4 Das Wasser erwärmen

Geräte, die mit Früchten oder Fruchtsaft in Berührung kommen, sollten aus Kunststoff oder Edelstahl bestehen, da bei dem Kontakt von Fruchtsäure mit anderen Metallen chemische Reaktionen entstehen, die den Ansatz verderben können.

und den Zucker darin auflösen. Das Zuckerwasser abkühlen lassen und in die Ansatzflüssigkeit geben. **5** Das Zitronenöl mit dem Rum vermischen und ebenfalls mit der Ansatzflüssigkeit vermischen und verkosten. Den Likör nach Belieben mit Erdbeersaft, Zuckerwasser oder Weingeist auf den gewünschten Geschmack einstellen. **6** Den Ansatz noch einmal filtern und mit Hilfe eines Gummischlauchs auf eine Flasche abziehen. Den fertigen Likör noch einige Zeit in der Flasche an einem warmen, dunklen Ort reifen lassen.

Die jungen Triebe vieler Nadelgewächse eignen sich zur Likörherstellung: Außer Fichte können Sie auch Tanne, Lärche, Wacholder oder Föhre verwenden oder eine ganz eigene Mischung kreieren.

Fichtennadellikör

Zutaten

2 Hand voll ganz junge, frische Fichten-, Latschen- oder Tannentriebe
6 frische Wacholderbeeren • 500 g Kandiszucker • 1 l Kornbrand
Zuckerwasser, Wasser und Kornbrand zum Abschmecken

Zubereitung

1 Die Triebe kalt abspülen, gut abtropfen lassen und in ein verschließbares Ansatzgefäß geben. **2** Die Wacholderbeeren mit einer Gabel leicht zerquetschen und zusammen mit 100 Gramm Kandiszucker zu den Tannentrieben geben. **3** Den Ansatz mit dem Kornbrand übergießen. Das Gefäß verschließen und 8 Tage an einen warmen, sonnigen Platz stellen. **4** Den restlichen Kandiszucker zugeben und für 4 Wochen an einem warmen, dunklen Platz ziehen lassen. **5** Den Fichtennadellikör filtern und verkosten. Nach Belieben mit Zuckerwasser nachsüßen oder mit abgekochtem Wasser oder Kornbrand auf den gewünschten Geschmack verschneiden. **6** Den fertigen Likör noch einige Zeit in der Flasche an einem warmen, dunklen Ort reifen lassen.

Heidelbeerlikör

Zutaten

700 g Heidelbeeren • 175 g Zucker • 200 ml Wasser • 1 Zimtstange
1 l Kornbrand • Heidelbeersaft, Zuckerwasser oder Korn zum Abschmecken

Zubereitung

1 Die Heidelbeeren von Stielen und Blättern befreien, waschen und mit einer Gabel zerquetschen. **2** Das Mus in ein verschließbares Ansatzgefäß füllen, mit etwas Zucker bestreuen und 1 Woche ziehen lassen. **3** Das Heidelbeermus in ein Seihtuch geben und den Saft in ein separates Gefäß gut ausdrücken. **4** Das Wasser erwärmen und den restlichen Zucker darin auflösen. Die Zimtstange hinzufügen und weitere 10 Minuten auf kleiner Stufe kochen. Den ausgepressten Saft zum Zuckerwasser geben, alles nochmals auf kleiner Stufe aufkochen und auskühlen lassen. **5** Die Zucker-Saft-Lösung mit dem Korn vermischen und in eine Flasche abfüllen. Den Ansatz gut verschlossen 2 Wochen an einem warmen, dunklen Platz ziehen lassen und die Flasche wiederholt durchschütteln. **6** Den Heidelbeeransatz durch ein Seihtuch filtern und nach Belieben mit Heidelbeersaft, Zuckerwasser oder Korn abschmecken. **7** Den Likör noch einige Zeit in der Flasche an einem warmen, dunklen Ort reifen lassen.

Holunderlikör

Zutaten

1,2 kg frische Holunderbeeren • 300 ml Wasser • 100 g brauner Kandiszucker • 2 l Kornbrand • Zuckerwasser, Holunderbeersaft oder Korn zum Abschmecken

Nicht nur Holunderbeeren, sondern auch die stark duftenden Blüten des Hollerbusches lassen sich mit Zitronenscheiben und Zucker zu einem aromatischen Likör verarbeiten.

Zubereitung

1 Die Holunderbeeren waschen, gut abtropfen lassen und mit Hilfe einer Gabel von Stielen und Kämmen befreien. Die Beeren mit einer Gabel leicht zerdrücken und in ein Ansatzgefäß geben. **2** Das Wasser erwärmen und den Kandiszucker darin auflösen. Die Zuckerlösung abkühlen lassen und zu den Holunderbeeren geben. Alles mit dem Korn übergießen und gut vermengen. **3** Den Ansatz gut verschlossen 6 Wochen an einem warmen, dunklen Platz ziehen lassen, während dieser Zeit das Ansatzgefäß wiederholt gut durchschütteln. **4** Den Ansatz mit einem Gummischlauch abziehen. Die Holunderbeeren in ein Seihtuch geben und gut ausdrücken. Die Flüssigkeit filtern, zur

Ansatzflüssigkeit geben und mit Zuckerwasser, Korn oder Holunderbeersaft auf den gewünschten Geschmack einstellen. **5** Den Likör in Flaschen abfüllen und an einem dunklen Ort nachreifen lassen.

Honiglikör

Verwenden Sie für einen Honiglikör nur erstklassigen Imkerhonig, da dieser im Gegensatz zu manchem Supermarkthonig noch alle Aroma- und Inhaltsstoffe besitzt.

Zutaten

210 ml Wasser • 500 g Honig • 1 unbehandelte Zitrone • 400 ml Weingeist (96%iger Alkohol) • Wasser, Kornbrand oder Weingeist zum Abschmecken

Zubereitung

1 Das Wasser erwärmen und den Honig darin auflösen. **2** Die Schale der Zitrone abreiben und zum Honig geben. **3** Den Honig mit dem Weingeist vermischen, verkosten und nach Belieben mit Wasser, Kornbrand oder Weingeist auf den gewünschten Geschmack einstellen. **4** Den Honiglikör in einem verschlossenen Gefäß so lange ruhen lassen, bis sich die Trubstoffe am Boden abgesetzt haben. **5** Die Ansatzflüssigkeit filtern, in ein fest verschließbares Gefäß geben und den Likör gut verschlossen an einem kühlen, dunklen Platz ziehen lassen.

Johannisbeerlikör

Zutaten

500 g Schwarze Johannisbeeren • 700 ml Kornbrand • 150 ml Wasser 300 g Zucker • 10 ml Rum • Zuckerwasser, Wasser oder Kornbrand zum Abschmecken

Zubereitung

1 Die Johannisbeeren waschen und gut abtropfen lassen. Die Beeren von den Rispen streifen, zerdrücken und in ein Ansatzgefäß füllen. **2** Das Mus mit dem Kornbrand übergießen, verschließen und den Ansatz 6 Wochen an einem warmen, sonnigen Platz ziehen lassen, dabei wiederholt durchschütteln. **3** Die Ansatzflüssigkeit mit einem Gummischlauch abziehen. Die Früchte in ein Seihtuch geben und gut aus-

Zuerst wird das mit Kornbrand übergossene Mus gut verschlossen an einem warmen Ort ziehen gelassen, dann wird die Ansatzflüssigkeit mit einem Gummischlauch abgezogen.

pressen. **4** Das Wasser erwärmen und den Zucker darin auflösen. Das abgekühlte Zuckerwasser und den Rum unter die Ansatzflüssigkeit mischen. **5** Den Likör verkosten und nach Belieben mit Zuckerwasser nachsüßen oder mit Wasser bzw. Kornbrand auf den gewünschten Geschmack verschneiden.

Kalmuslikör

Zutaten

20 g Kalmuswurzel • 2 g Zimt • 500 ml Weingeist (96%iger Alkohol)
750 ml Wasser • 300 g Zucker • (Zucker-) Wasser zum Abschmecken

Zubereitung

1 Die Kalmuswurzel in kleine Stücke schneiden und zusammen mit dem Zimt in ein verschließbares Ansatzgefäß geben. Den Weingeist darüber gießen, das Gefäß verschließen und den Ansatz 4 Wochen an einem warmen, dunklen Ort ziehen lassen. Während dieser Zeit den Ansatz wiederholt schütteln. **2** Die Ansatzflüssigkeit mit Hilfe eines Gummischlauchs abziehen und filtern. **3** Das Wasser erwärmen, den Zucker darin auflösen und die Mischung unter die Ansatzflüssigkeit

Die ätherischen Öle der Kalmuswurzel wirken wohltuend auf Magen und Darm. Daher finden Kalmuswurzeln auch in Arzneimitteln Verwendung.

rühren. **4** Die Ansatzflüssigkeit nach Belieben mit Wasser oder Zuckerwasser verschneiden. **5** Den Likör lichtgeschützt und gut verschlossen lagern.

Kirschlikör

Zutaten

1,25 kg Sauerkirschen • 4 g Zimt • 4 Gewürznelken • 500 ml Weingeist (96%iger Alkohol) • 375 g Zucker • 200 ml Wasser

Zubereitung

1 Von den Kirschen Stängel und Blätter entfernen. Die Kirschen abspülen, entsteinen, zerdrücken und in ein verschließbares Ansatzgefäß füllen. **2** 20 Kirschkerne mit einem Hammer zerkleinern und zusammen mit dem Zimt und den Nelken zum Ansatz geben. Mit dem Weingeist übergießen, das Gefäß verschließen und 8 Tage an einen dunklen, warmen Platz stellen, dabei wiederholt durchschütteln. **3** Die Kirschen in ein Seihtuch geben, gut auspressen und die gesamte Ansatzflüssigkeit in ein Gefäß füllen. **4** Das Wasser erwärmen, den Zucker darin auflösen und mit der Ansatzflüssigkeit vermischen. Das Gefäß verschließen und nochmals 8 Tage an einem warmen, sonnigen Platz ziehen lassen. **5** Den Likör filtern, verkosten und nach Belieben mit abgekochtem Wasser verdünnen und über einige Zeit reifen lassen.

Kümmelsamen entwickeln ihr volles Aroma erst in getrocknetem Zustand. Die in den Samen enthaltenen ätherischen Öle wirken anregend auf die Verdauung, weswegen Kümmellikör besonders nach schwerem Essen gerne genossen wird.

Kümmellikör

Zutaten

5 EL Kümmelkörner • 1 l Kornbrand • 160 ml Wasser • 300 g Zucker Zuckerwasser, Wasser oder Kornbrand zum Abschmecken

Zubereitung

1 Die Kümmelkörner in ein Gefäß geben und mit dem Kornbrand übergießen. **2** Das Gefäß verschließen und den Ansatz 14 Tage an einem warmen, dunklen Platz ziehen lassen. Den Ansatz während dieser Zeit wiederholt durchschütteln. **3** Das Wasser erwärmen und den

Zucker darin auflösen. Die abgekühlte Lösung unter den Ansatz mischen und den Ansatz nochmals 2 bis 3 Tage ziehen lassen. **4** Die Ansatzflüssigkeit mit einem Schlauch abziehen und den Bodensatz filtern. Die Ansatzflüssigkeit verkosten und nach Geschmack mit Zuckerwasser, abgekochtem Wasser oder Kornbrand auf die gewünschte Stärke verschneiden. **5** Den fertigen Likör noch einige Zeit in der Flasche an einem warmen Ort reifen lassen.

Kaffeevarianten

Dieser Kaffeelikör schmeckt noch intensiver, wenn Sie den Kaffee auf arabische Art zubereiten: Den gemahlenen Kaffee (40 Gramm pro 250 Milliliter Wasser) zusammen mit dem Wasser aufkochen, 10 Minuten ziehen lassen und filtern. Eine interessante Geschmacksvariante bekommen Sie außerdem, wenn Sie den Zucker durch Vanillezucker oder braunen Zucker ersetzen.

Sie können Ihrem Mokkalikör eine orientalische Note verleihen, indem Sie den Kaffee auf arabische Art zubereiten und je nach Geschmack noch eine Kardamomschote hinzugeben.

Mokkalikör

Zutaten

450 ml starker Mokka oder Kaffee • 110 ml Wasser • 300 g Zucker
260 ml Weingeist (96%iger Alkohol) • 20 ml Weinbrand

Zubereitung

1 Den abgekühlten Kaffee in ein Ansatzgefäß gießen. **2** Das Wasser erwärmen und den Zucker darin auflösen. Die Zuckerlösung abkühlen lassen, zum Kaffee geben und alles gut vermischen. Weingeist und Weinbrand untermischen. **3** Die Ansatzflüssigkeit verkosten und nach Belieben mit Weinbrand, Kaffee oder Zuckerwasser abschmecken. **4** Den Likör gut verschlossen etwa 4 Wochen ziehen lassen.

Nussgeist

Zutaten

8 grüne Walnüsse mit noch weicher Schale • 7 Gewürznelken • 5 g Zimt
500 ml Weingeist (96%iger Alkohol) • 750 ml Wasser • 400 g Zucker

Zubereitung

1 Die Walnüsse mit der Schale in kleine Stücke schneiden und zusammen mit den Gewürznelken und dem Zimt in ein Ansatzgefäß geben. Den Weingeist darüber gießen und den Ansatz gut verschlossen 4 bis 6 Wochen an einem warmen, dunklen Platz ziehen lassen. Während dieser Zeit wiederholt durchschütteln. **2** Die Ansatzflüssigkeit mit einem Gummischlauch vom Ansatz abziehen und in ein verschließbares Gefäß geben. **3** Das Wasser erwärmen und den Zucker darin auflösen. Das Zuckerwasser abkühlen lassen, mit der Ansatzflüssigkeit vermischen und verkosten. Den Likör nach Belieben mit Wasser, Zuckerwasser oder hochprozentigem Branntwein auf den gewünschten Geschmack einstellen. **4** Den Likör noch einige Wochen gut verschlossen an einem warmen, dunklen Platz reifen lassen.

Pfefferminzlikör

Zutaten

4 frische Pfefferminzzweige (die Zweige sollten etwa so lang sein wie die Flasche) • 3 Blätter Zitronenmelisse • 2 Gewürznelken • 1 l Kornbrand 150 ml Wasser • 250 g Zucker

Zubereitung

1 Die Pfefferminzzweige waschen, trockentupfen und mit den Stielenden nach oben in eine Flasche stecken. **2** Zitronenmelisse und Nelken dazugeben und alles mit dem Kornbrand auffüllen. Die Flasche verschließen und den Ansatz 20 Tage an einem warmen, dunklen Platz ziehen lassen. **3** Die Minzzweige entfernen. Den Ansatz durch einen Kaffeefilter filtern und verkosten. Ist der Minzgeschmack noch nicht intensiv genug, nochmals frische Pfefferminzzweige in die Ansatzflüssigkeit geben. Den Likör einige Tage gut verschlossen ziehen lassen und erneut verkosten. **4** Das Wasser erwärmen und den Zucker darin auflösen. Den Ansatz mit der abgekühlten Zuckerwasserlösung auf den gewünschten Geschmack einstellen. **5** Den Pfefferminzlikör wieder verschließen und noch einige Zeit in der Flasche an einem warmen Ort reifen lassen.

Pfefferminze gibt es in unzähligen Geschmacksvariationen, wie beispielsweise Zitronenminze oder Spearminze.

Pfirsichlikör

Zutaten

4–5 mittelgroße vollreife Pfirsiche • 1 l Kornbrand • 150 ml Wasser
200 g brauner Kandiszucker • Zuckerwasser, Wasser oder Kornbrand zum Abschmecken

Zubereitung

1 Die Pfirsiche halbieren, entkernen und das Fruchtfleisch in schmale Spalten schneiden. Die Pfirsichspalten in ein Ansatzgefäß geben und mit dem Korn übergießen. **2** Den Ansatz gut verschlossen 6 Wochen an einem warmen, dunklen Ort ziehen lassen und während dieser Zeit wiederholt durchschütteln. **3** Die Ansatzflüssigkeit mit einem Gummischlauch vom Bodensatz abziehen und in ein verschließbares Gefäß geben. **4** Das Wasser erwärmen und den Kandiszucker darin auflösen. Das Zuckerwasser abkühlen lassen und zur Ansatzflüssigkeit geben. Alles gut vermengen und verkosten. Den Likör nach Belieben mit Wasser, Zuckerwasser und Korn auf den gewünschten Geschmack einstellen. **5** Den fertigen Likör noch einige Wochen in der Flasche an einem warmen Ort reifen lassen.

Schlehenlikör

Zutaten

500 g Schlehen • 1 Gewürznelke (nach Belieben) • 1 l Kornbrand
150 ml Rotwein • 300 g Zucker • 40 ml Rum • 10 ml Whiskey

Schlehenlikör ist eine echte Besonderheit unter den Likören: Er hat einen eher herben und trockenen Geschmack und ist mit seiner dunklen, rubinroten Farbe auch ein optischer Genuss.

Zubereitung

1 Die Schlehen von den Stielen befreien, waschen, abtropfen lassen und in ein Ansatzgefäß füllen. Die Gewürznelke zugeben und alles mit Kornbrand übergießen. **2** Das Ansatzgefäß verschließen und 6 Wochen an einen warmen, schattigen Platz stellen, dabei wiederholt durchschütteln. **3** Den Ansatz filtern und die Ansatzflüssigkeit in ein verschließbares Gefäß füllen. **4** Den Rotwein erwärmen und den Zucker darin auflösen. **5** Die Wein-Zucker-Lösung abkühlen lassen und die Ansatzflüssigkeit damit auf die gewünschte Süße einstellen. **6** Das Aroma mit Rum und Whiskey abrunden. **7** Den Likör gut verschlossen noch einige Zeit an einem warmen Ort reifen lassen.

Wild wachsende Früchte

Da Sie Schlehen in der Regel nicht kaufen können, müssen Sie die Früchte des stacheligen Schlehendorns, der bevorzugt an Wald- und Feldrändern wächst, selbst pflücken. Wichtig ist, dass die Schlehen voll ausgereift sind und bereits den ersten Frost abbekommen haben, damit sie ihr volles Aroma entfalten können. Wenn Sie nicht auf den ersten Frost warten möchten, können Sie die Früchte ersatzweise auch einige Tage in der Tiefkühltruhe lagern.

Williamsbirnenschnaps

Achten Sie beim Befestigen der Flasche im Baum darauf, dass die Verbindungen nicht zu starr sind, da sich die Flasche den Bewegungen des Zweiges anpassen muss, an dem die Birne wächst.

Wer kennt ihn nicht, den berühmten Birnenschnaps, bei dem eine ganze Williamsbirne in der Flasche schwimmt und sich jeder fragt, wie die Frucht dort wohl hineingekommen sein mag? Wenn auch in Ihrem Garten ein Baum mit Williamsbirnen wächst, können Sie diese äußerst dekorative und zudem sehr schmackhafte Spezialität ganz einfach selbst herstellen, denn das Geheimnis ist in Wirklichkeit gar keines: Die Birne wurde nicht etwa durch einen mysteriösen Trick in die Flasche »gebeamt«, sondern wächst vielmehr in die Flasche hinein!
Für Ihre Flaschenbirnen benötigen Sie lediglich kleine dekorative, bauchige Flaschen mit möglichst großer Halsöffnung, reichlich stabilen Blumendraht sowie etwas dicke Schnur. Und so wird's gemacht!

- Suchen Sie an Ihrem Birnbaum nach der Blütezeit und dem ersten Fruchtansatz einige gut entwickelte Früchte aus, die an solchen Stellen wachsen, an denen Sie die Flaschen gut befestigen können.
- Schieben Sie jeweils einen Fruchtansatz vorsichtig durch die Halsöffnung einer Flasche, und befestigen Sie die Flasche mit Hilfe von Draht und Schnur so fest im Baum, dass sie während der Wachstumsperiode nicht durch Wind und Wetter heruntergerissen werden kann.
- Wichtig ist auch, dass der Fruchtansatz möglichst tief in die Flasche hineinragt, damit die Frucht nicht im Flaschenhals festwächst.

- Achten Sie außerdem darauf, dass die Befestigung der Flasche nicht zu starr ist, da sie sich den Bewegungen des Zweiges anpassen muss, an dem die Birne wächst.
- Die Öffnung des Flaschenhalses darf nicht nach oben zeigen, da sonst Regen in die Flasche laufen kann und die Birne verdirbt bzw. die Flasche durch das Gewicht vom Baum gerissen wird.
- Ernten Sie Ihre Flaschenbirnen, wenn die Früchte zwar schon fast reif, aber noch leicht grün sind.

Wenn Sie einen Williamsbirnenschnaps mit einer selbst gezogenen Birne in der Flasche ansetzen wollen, können Sie für einen intensiveren Geschmack statt des Korns auch Birnenschnaps als Ansatzflüssigkeit verwenden.

Zutaten

1 Williamsbirne in der Flasche • 1 l Kornbrand • Siegellack

Zubereitung

1 Blätter, kleine Zweige und Schmutzteilchen vorsichtig mit Hilfe eines Drahts aus der Flasche entfernen, ohne dass die Frucht dabei verletzt wird. 2 Die Birne in der Flasche mit abgekochtem, aber vollständig abgekühltem Wasser mit Hilfe einer Flaschenbürste vorsichtig abbürsten. 3 Die Flasche mit dem Kornbrand auffüllen, verkorken und luftdicht mit Siegellack verschließen. 4 Den Birnenschnaps an einem dunklen, nicht zu warmen Ort etwa 9 Monate stehend lagern.

Für Williamsbirnenschnaps müssen Sie dekorative Flaschen nach der Blütezeit einfach über den ersten Fruchtansatz stülpen und so befestigen, dass sie nicht abfallen können. Nehmen Sie die Flaschen herunter, wenn die Birnen fast reif sind.

Kräuter- und Heilschnäpse

In vielen alten Rezepten werden die zur Herstellung von Kräuterlikören verarbeiteten Kräuter auch »Drogen« genannt, haben jedoch nichts mit den im allgemeinen Sprachgebrauch unter Drogen verstandenen Stoffen gemeinsam.

Die eigentliche Bedeutung des Alkohols lag ursprünglich in seiner Wirkung als Heilmittel. Die ersten Schnäpse und Liköre wurden von Benediktinermönchen hergestellt, die die konservierende Wirkung des Alkohols für ihre Heilkräuter entdeckt hatten und diese auch medizinisch erforschten und nutzten. Noch heute bekommt man auf Pilgerfahrten hausgemachte Kräuterschnäpse, deren Rezepturen oftmals noch aus der Gründerzeit des jeweiligen Klosters stammen.

Eine solche Kräutermischung können auch Sie sich ganz nach persönlichem Geschmack und den jeweiligen Bedürfnissen zusammenstellen. Gerade bei Kräuteransatzlikören oder -schnäpsen sind Ihrer eigenen Experimentierfreude wenig Grenzen gesetzt, da der verhältnismäßig geringe Aufwand bei der Herstellung der Getränke auch einmal einen Ausrutscher erlaubt. Bedenken Sie bei der Zusammenstellung Ihrer Mischung jedoch: Je mehr Kräuter Sie miteinander mischen, desto weniger ausgeprägt tritt der Eigengeschmack einzelner Sorten hervor. Dies gilt insbesondere, wenn Sie in Ihrer Mischung auch intensiv schmeckende Bitterkräuter wie Enzian, Wermut oder Angelikawurz verwenden. Zarte Kräuter wie Thymian, Basilikum oder Oregano würden in einer derartigen Mischung geschmacklich untergehen und sollten deshalb möglichst allein oder nur sorgfältig kombiniert angesetzt werden.

Die folgenden Rezepte sollen Ihnen als Anregung für die Entdeckung Ihres ganz persönlichen Hausschnapses dienen. Da Kräuterschnäpse vor allem nach einem reichlichen, fetten Essen eine schmackhafte Hilfe für den überlasteten Magen sind bzw. eine beruhigende und entspannende Wirkung auf ein strapaziertes Nervenkostüm haben können, sind sie ein ganz besonderer Service für Ihre Gäste.

Kräuterbitter

Zutaten

6 g Alantwurzel • 40 g unbehandelte Orangenschale • 5 g Enzianwurzel • 4 g Tausendgüldenkraut • 4 g Benediktenkraut • 6 g Anissamen

10 g Sternanissamen • 1 g Muskatnuss • 4 g Weinstein • 2 l Wodka
300 ml Wasser • 500 g Zucker • Wodka und/oder Zuckerwasser zum Abschmecken

Alle Bitterkräuter sind sehr intensiv im Geschmack und in der Wirkung. Eine Überdosierung dieser Kräuter kann einen ganzen Ansatzschnaps verderben.

Zubereitung

1 Alantwurzel, Orangenschalen, Enzianwurzel und die Kräuter zerkleinern, mit den Samen, der Muskatnuss und dem Weinstein vermischen und alles in ein verschließbares Ansatzgefäß geben. 2 Die Mischung mit dem Wodka übergießen, das Gefäß verschließen und den Ansatz an einem warmen, dunklen Platz 3 Wochen ziehen lassen. Während dieser Zeit wiederholt durchschütteln. 3 Die Ansatzflüssigkeit mit einem Gummischlauch vom Bodensatz in ein neues Gefäß abziehen. Die Wurzeln und Kräuter in ein Seihtuch geben und gut ausdrücken. Die Flüssigkeit filtern und zur Ansatzflüssigkeit geben. 4 Das Wasser erwärmen und den Zucker darin auflösen. Die Zuckerwasserlösung abkühlen lassen, mit der Ansatzflüssigkeit vermischen, verkosten und nach Belieben mit Wodka und/oder Zuckerwasser auf den gewünschten Geschmack einstellen. 5 Den Kräuterbitter in Flaschen abfüllen und gut verschlossen noch einige Zeit in einem kühlen Raum nachreifen lassen.

Auf einer sonnigen Fensterbank gedeihen Kräuter besonders gut und bilden einen idealen Grundstoff für den Ansatz von Kräuterschnaps.

Magenbitter

Zutaten

3,5 g unbehandelte Orangenschale • 6 g Galgantwurzel • 4 g Veilchenwurzel • 3 g Benediktenkraut • 2 g Tausendgüldenkraut • 2 g Melissenkraut • 1 g Zimt • 1 Gewürznelke • 1 g Koriander • 2 g Kümmelkörner • 1 g Kardamom • 350 ml Weingeist (96%iger Alkohol) 400 ml Wasser • 350 g • Zucker • Wasser, Zuckerwasser oder Kornbrand zum Abschmecken

Magenbitter regt die Verdauung an. Pflanzliche Bitterstoffe führen zu vermehrter Gallenproduktion und verleihen dem Schnaps einen bitteren Geschmack.

Zubereitung

1 Orangenschale, Galgantwurzel und die Kräuter zerkleinern. Sämtliche Gewürze in einem Mörser grob zerstoßen und alles zusammen in ein Ansatzgefäß geben. Die Kräuter-Gewürz-Mischung mit 250 Milliliter Weingeist übergießen. 2 Das Gefäß gut verschließen und den Ansatz an einem warmen Platz etwa 14 Tage ziehen lassen. 3 Die Ansatzflüssigkeit mit Hilfe eines Gummischlauchs vom Bodensatz abziehen und durch einen Filter gießen. 4 Das Wasser erwärmen und den Zucker darin auflösen. Die Zuckerwasserlösung abkühlen lassen, zusammen mit dem restlichen Weingeist zur Ansatzflüssigkeit geben und alles gut vermischen. 5 Den Magenbitter in einem verschlossenen Gefäß gut 1 Monat an einem warmen, dunklen Platz ziehen lassen. 6 Den Magenbitter erneut filtern, verkosten und nach Belieben mit Wasser, Zuckerwasser oder Kornbrand auf den gewünschten Geschmack einstellen. 7 Den fertigen Magenbitter in eine Flasche abfüllen und gut verschlossen noch einige Zeit an einem warmen Ort nachreifen lassen.

Melissenschnaps

Zutaten

2 Hand voll frische Melissenblätter • Schale von 1 unbehandelten Orange Schale von 1 unbehandelten Zitrone • 1 Angelikawurzel, getrocknet und zerrieben • 1 TL Anis • 1 TL Fenchel • 1/2 TL Koriander • 1/2 TL Zimt • 1/2 TL Gewürznelke, zerstoßen • 500 ml Weingeist (96%iger

Alkohol) • 500 ml Wasser • 500 g Zucker • Kornbrand
und/oder Zuckerwasser zum Abschmecken

Zubereitung

1 Die Melissenblätter abspülen, gut abtropfen lassen und in ein Ansatzgefäß geben. Die Orangen- und Zitronenschalen zerkleinern und mit den restlichen Gewürzen zu den Melissenblättern geben. **2** Den Ansatz mit dem Weingeist übergießen und gut verschlossen an einem warmen, dunklen Ort mehrere Wochen ziehen lassen. Das Gefäß während dieses Zeitraums wiederholt durchschütteln. **3** Das Wasser erwärmen und den Zucker darin auflösen. Das Zuckerwasser abkühlen lassen, in die Ansatzflüssigkeit geben und alles gut vermengen. **4** Den Ansatz nochmals 1 Tag ziehen lassen, filtern und verkosten. Den Melissenschnaps nach Belieben durch Zugabe von Korn und/oder Zuckerwasser auf den gewünschten Geschmack einstellen. Den Schnaps in gründlich gereinigte Flaschen abfüllen und gut verschlossen einige Zeit kühl lagern.

Thymianblütengeist

Zutaten

2 Hand voll frische oder 1 Hand voll getrocknete Thymianblüten
1 l Kornbrand • 500 ml Wasser • 300 g Zucker • Zuckerwasser
und Kornbrand zum Abschmecken

Zubereitung

1 Die Thymianblüten in ein Ansatzgefäß geben und mit dem Korn übergießen. Das Gefäß verschließen und den Ansatz 6 Wochen an einem warmen, sonnigen Platz ziehen lassen. **2** Den Ansatz durch einen Filter gießen. **3** Das Wasser erwärmen und den Zucker darin auflösen. Das Zuckerwasser abkühlen lassen, zur Ansatzflüssigkeit geben und verkosten. **4** Den Thymianblütengeist nach Belieben mit Zuckerwasser und Kornbrand auf den gewünschten Geschmack einstellen, in eine Flasche umfüllen, gut verschließen und 2 bis 3 Monate an einem kühlen, dunklen Ort lagern.

Thymianblütengeist wirkt beruhigend auf die Nerven, schleimlösend, schlaffördernd und ist zur Linderung von Magen-, Darm- und Leberbeschwerden gut geeignet.

Tannengeist

Zutaten

2 Hand voll frische grüne Tannentriebspitzen (frische Triebe gibt es nur im Frühjahr!) • 1 TL Wacholderbeeren • 1/2 TL Kalmuswurzel 1 l Wodka • 500 ml Wasser • 300 g Zucker • Zuckerwasser und Wodka zum Abschmecken

Zubereitung

1 Die Triebe waschen und abtropfen lassen. **2** Wacholderbeeren und Kalmuswurzel leicht zerdrücken und mit den Tannentrieben in ein Ansatzgefäß geben. Alles mit Wodka übergießen, das Gefäß verschließen und den Ansatz 8 Wochen an einem warmen, sonnigen Platz ziehen lassen. **3** Den Ansatz filtern. Das Wasser erwärmen und den Zucker darin auflösen. Das Zuckerwasser abkühlen lassen, mit der Ansatzflüssigkeit vermischen und den Ansatz verkosten. **4** Den Tannengeist nach Belieben mit Zuckerwasser und Wodka auf den gewünschten Geschmack einstellen, in eine Flasche umfüllen, gut verschließen und 3 bis 5 Monate kühl und dunkel lagern.

Tannengeist wirkt hustenlindernd, krampflösend, beruhigend und ist als kreislaufanregendes und stimmungsaufhellendes Mittel bei Frühjahrsmüdigkeit geeignet.

Liebstöckelgeist

Zutaten

2–3 flaschenhohe Liebstöckelzweige • 1 l Kornbrand • einige Stücke brauner Kandiszucker

Zubereitung

1 Die Liebstöckelzweige waschen, trockentupfen und mit den Blättern voran in eine Flasche stecken. **2** Die Zweige mit dem Korn übergießen. Das Gefäß verschließen und 3 Tage an einen warmen, sonnigen Ort stellen. **3** Die Zweige entfernen und den Ansatz nach Geschmack süßen. Hat sich der Zucker aufgelöst, den Liebstöckelgeist erneut verkosten und nach Belieben mit Kandis auf den gewünschten Geschmack einstellen. In eine Flasche umfüllen und gut verschlossen an einem kühlen, dunklen Platz lagern.

Wermutschnaps

Zutaten

4 g Wermut • 2 g Tausendgüldenkraut • 3 g Benediktenkraut
50 g unbehandelte Orangenschale • 1/2 Zimtstange • 4 g Anis
1 g Muskatnuss • 750 ml Wodka • 300 ml Wasser • 250 g Zucker
Wasser, Zuckerwasser oder Wodka zum Abschmecken

Zubereitung

1 Die Kräuter waschen und trockentupfen. Die Orangenschale klein schneiden, die Gewürze in einem Mörser zerstoßen und alles in ein verschließbares Ansatzgefäß geben. **2** Den Wodka darüber gießen, das Gefäß verschließen und den Ansatz 3 bis 4 Wochen an einem warmen, dunklen Ort ziehen lassen. **3** Das Wasser erwärmen und den Zucker darin auflösen. Das Zuckerwasser abkühlen lassen, zur Ansatzflüssigkeit geben und alles gut vermengen. Den Ansatz gut verschlossen nochmals 1 bis 2 Wochen ziehen lassen. **4** Den Ansatz durch einen Kaffeefilter filtern, verkosten und nach Belieben Wasser, Zuckerwasser und/oder Wodka zusetzen. **5** Den Wermutschnaps in Flaschen umfüllen, gut verschließen und an einem kühlen, dunklen Ort lagern.

Pektolytische Enzyme sind Wirkstoffe, die die Pektine der Früchte aufspalten und damit ihre Kittwirkung auflösen, d. h., die Zellstruktur zerfällt, und die Inhaltsstoffe der Zellen werden freigesetzt.

Getrocknete Kräuter sowie Gewürze können Sie am besten in Gläsern an einem dunklen, trockenen Ort aufbewahren. Dafür eignet sich nicht nur der Küchenschrank, sondern auch ein dekoratives Kräuterkästchen.

Wenn Sie den hauseigenen Schnaps oder Likör verschenken möchten, bietet sich das Abfüllen in Geschenkflaschen an.

Schöne Flaschen und Etiketten

Ein guter Schnaps, sei es ein selbst gemachter Brand oder ein Ansatzschnaps, ist niemals billig, denn dafür sind zu viel erstklassige Rohstoffe, Zeit, Kosten und Mühe in seine Herstellung investiert worden! Die Besonderheit Ihres Schnapses sollte sich deshalb auch in seiner Verpackung widerspiegeln, denn beim Trinken ist es nicht anders als beim Essen: Das Auge genießt mit!

Die Auswahl der Flaschen

Schöne Flaschen sollten Sie sich auf Vorrat zulegen, damit Sie bei Bedarf ausreichend Auswahl zur Verfügung haben. Schöne Flaschen kann man das ganze Jahr über mit etwas Glück auf Antik- und Flohmärkten erstehen.

Für sortenreine, edle, klare Brände eignen sich besonders die klassischen, formschönen Glasflaschen. Ob Sie dafür teure Designerflaschen, handelsübliche Flaschen oder altmodische Flaschen vom Flohmarkt verwenden, hängt von Ihrem persönlichen Geschmack ab. Wichtig ist vor allem, dass die Klarheit des Brandes voll zur Geltung kommt. Die Form der Flaschen sollte nicht vom Inhalt ablenken, sondern seinen Charakter stärker hervorheben.

Kräuterschnäpse und -liköre erlauben einen größeren Spielraum bei der Auswahl der passenden Flaschenform. Für sie sind nahezu alle Formen und Farben geeignet, vorausgesetzt, sie unterstreichen den speziellen Charakter des Getränks. Bei der Wahl der geeigneten Flasche sollte man immer bedenken, dass nicht die Flasche das Meisterwerk ist, sondern das Getränk. Für deftige Kräuterschnäpse beispielsweise eignen sich eher barocke Flaschen und Farben, während Liköre in einfachen, harmonischen Formen besser zur Geltung kommen.

Die für Ihren Zweck geeigneten Flaschen können Sie in nahezu allen Formen und Farben in unterschiedlichen Preislagen über den Fachhandel beziehen (Adressen siehe Seite 93). Oft lässt sich aber auch auf Floh- und Antikmärkten etwas Besonderes finden.

Dekorative Etiketten

Was über die Auswahl der Flaschen gesagt wurde, gilt auch für die jeweiligen Etiketten: Sie sollten die Flasche zieren und in ihrer Gestaltung auf den Inhalt hinweisen.

- Für »reinrassige« Obstbrände in durchsichtigen Flaschen sind helle, nüchtern gestaltete Etiketten mit einer klaren Schrift besser geeignet als farbige Etiketten mit verschnörkelten Schriftzügen.
- Anders sieht es bei Kräuterschnäpsen und Likören aus. Auch hier sollen die Etiketten gestalterisch auf den Inhalt hinweisen, aber die breitere Palette an passenden Flaschen lässt auch einen größeren Spielraum in der Etikettengestaltung zu.

Wenn Sie Ihren Schnaps verkaufen wollen, dürfen Sie als Etikett keine gefalteten Zettel, die zum Lesen erst aufgeklappt werden müssen, an der Flasche anbringen, denn diese entsprechen der Kennzeichnungspflicht nicht.

Etiketten für den Verkauf

Noch mehr Sorgfalt erfordern die Gestaltung und die Beschriftung von Etiketten, wenn die selbst gebrannten Produkte vermarktet werden sollen, denn in diesem Fall müssen die gesetzlichen Vorgaben für die Kennzeichnung von Spirituosen eingehalten werden.

- Die Angaben müssen in deutlicher, zusammenhängender Form mit einer Schriftgröße von mindestens zwei Millimetern an einer gut sichtbaren Stelle auf der Flasche angebracht werden.
- Die individuelle Schriftgröße sollte zur Größe der Flasche passen. Eine große Flasche wird mit einer winzigen Beschriftung sicher keinen besonders ausgewogenen Eindruck auf potenzielle Kunden machen. Beim Verkauf von Schnaps kommt das ungeschriebene Gesetz, dass von der Form auf den Inhalt geschlossen wird, noch stärker zum Tragen als bei der Gestaltung nur für Ihren privaten Verbrauch.
- Reicht die Flaschenform für ein entsprechendes Etikett nicht aus, was oft für extravagante Designerflaschen zutrifft, kann es auch als Extrazettel am Flaschenhals angebracht werden. Dieser Zettel muss so fest mit der Flasche verbunden sein, dass er beim Transport nicht abfallen kann. Gefaltete Zettel, die zum Lesen erst aufgeklappt werden müssen, entsprechen nicht der Kennzeichnungspflicht.

Die Etikettenbeschriftung

Die Etiketten der für den offiziellen Verkauf bestimmten Flaschen müssen den gesetzlichen Vorschriften zufolge immer die folgenden Angaben enthalten.

- Verkehrsbezeichnung, z. B. Getreidebrand, Apfelbrand.
- Genaue Angaben über Hersteller, Abfüller oder Händler.
- Genaue Angaben über den Alkoholgehalt in »Vol.-%«.
- Genaue Angaben über die Nennfüllmenge.
- Los-Kennzeichnung als Nachweis dafür, aus welchem Herstellungsprozess der Flascheninhalt stammt.

Die Schriftgröße auf den Etiketten muss der Größe der Flaschen entsprechen. Bei zum Verkauf bestimmten Flaschen müssen alle Informationen auf dem Etikett gut sichtbar sein.

Noch ein Tipp zu den Flaschenverschlüssen: Wenn Sie Ihren Schnaps oder Likör verkaufen wollen, lohnt es sich, ein Korkmaschine anzuschaffen. Diese Maschinen sind durchaus erschwinglich und erleichtern Ihnen das Verschließen der Flaschen beträchtlich. Verschlüsse, bei denen der Verdacht besteht, dass sie nicht vollständig dicht schließen, sollten mit Siegellack zusätzlich luftdicht verschlossen werden. Das schützt nicht nur besonders empfindliche Brände und Schnäpse, sondern kann auch sehr dekorativ sein.

Nostalgisch verzierte oder sachlich gestaltete selbstklebende Etiketten für Flaschen finden Sie in Papierwarengeschäften. Notieren Sie auf jedem Etikett den Inhalt der Flasche und den Alkoholgehalt.

Bezugsadressen

Brennereibedarf

■ Paul Arauner GmbH & Co. KG, Wörthstraße 34–36, 97318 Kitzingen, Tel.: 0 93 21/1 35 00

■ Bockmeyer Kellereitechnik, Zementwerk 3, 72622 Nürtingen, Tel.: 0 70 22/3 11 69, Fax: 3 11 23

■ Rekru Brennerei-, Kellerei- und Mostereibedarf, Betznauer Straße 28, 88079 Kressbronn, Tel.: 0 75 43/77 44, Fax: 51 33

■ Schliessmann Kellerei-Chemie GmbH & Co. KG, Auwiesenstraße 5, 74523 Schwäbisch Hall, Tel.: 07 91/7 20 25

■ Brennereigenossenschaft, Großhaderner Straße 40, 81375 München, Tel.: 0 89/70 29 63, Fax: 70 87 67

■ Verband Bayerischer Landwirtschaftlicher Brennereien, Schmaedel Straße 2a, 81245 München, Tel.: 0 89/88 19 44

Brenngeräte

■ Günther Gürtner, Kupferschmiede und Apparatebau, Wöllinger Straße 8, 79346 Endingen, Tel.: 0 76 42/3439, Fax: 77 19

■ Arnold Holstein, Kupferschmiede, Am Stadtgraben 15, 88677 Markdorf Bodensee, Tel.: 0 75 44/45 32, Fax: 7 21 71

■ Eduard Holstein, Kupferschmiede, Friedrichshafener Straße 49, 88097 Eriskirch/Bodensee, Tel.: 0 75 41/8 25 75, Fax: 8 27 45

■ Ulrich Kothe, Kupferschmiede, Apparatebau, Brennereianlagen, Beltstraße 3, 73054 Eislingen, Tel.: 0 71 61/81 72 75, Fax: 81 72 61

■ Richard Wengert, Anlagebau, Kupferschmiede, Lagerstraße 9, 88287 Gullen Grüngraut, Tel.: 07 51/6 31 29, Fax: 6 74 34

Impressum

Der W. Ludwig Verlag ist ein Unternehmen der Verlagshaus Goethestraße GmbH & Co. KG.

Redaktion:
Christine Pfützner, Jürgen Fischer
Projektleitung:
Berit Hoffmann
Redaktionsleitung:
Dr. Reinhard Pietsch
Bildredaktion:
Ute Schoenenburg
Produktion:
Manfred Metzger (Leitung)
A. Aatz,
Dr. E. Weigele-Ismael
Umschlag:
Till Eiden
DTP/Satz:
Veronika Moga
Druck:
Weber Offset, München
Bindung:
R. Oldenbourg, München

Printed in Germany

Gedruckt auf chlor- und säurearmem Papier

ISBN 3-7787-3695-7

Über den Autor

Herbert Herbst lebt als freier Journalist in Norddeutschland. Er hat jahrelange Erfahrung im Schnapsbrennen und ist ein Kenner von Destillieranlagen.

Literatur

Adam, L: Kontraktionstabellen zur Ermittlung der benötigten Wassermenge zur Einstellung eines gewünschten Alkoholgehaltes. TU-München, Freising 1992

Amtliche Alkoholtafeln. Physikalisch-Technische Bundesanstalt Braunschweig/Berlin und Bundesmonopolverwaltung für Branntwein, Offenbach 1980

Arauner, P: Kitzinger Weinbuch. Eigenverlag Paul Arauner, Kitzingen 1990

Bartels, W.: Von der Frucht zum Destillat; Heller Verlag, Schwäbisch Hall 1998

Gaigg, W.: Ansatzschnäpse. Leopold Stocker Verlag, Graz 1996

Gartner, H./Lukas, W./Dr. Scholten, G./Vallendar, H.: Handbuch 1 – So produziere ich die besten Destillate; Österreichischer Agrarverlag, Wien 1996

George, H.: Likörbereitung. Eugen Ulmer Verlag, Stuttgart 1996

von Merhardt, N.: Heilschnäpse und feine Liköre. Bechtermünz Verlag, Augsburg 1996

Pieper, Hans J./Bruchmann, Ernst E./Kolb, Erich: Technologie der Obstbrennerei. Eugen Ulmer Verlag, Stuttgart 1993

Pischl, J.: Schnapsbrennen. Leopold Stocker Verlag, Graz 1995

Tanner, Hans/Brunner, Hans R.: Obstbrennerei heute. Heller Verlag, Schwäbisch Hall 1995

Thönges, H.: Fruchtsäfte, Weine, Liköre. Eugen Ulmer Verlag, Stuttgart 1996

Bildnachweis

AKG, Berlin: 6, 7; Bilderberg, Hamburg: 46 (Dorothea Schmid); Das Fotoarchiv, Essen: 9, 14 (Henning Christoph), 10, 21 (Jochen Tack); IFA-Bilderteam, München: 32 (Jakob), 83 (Glück); Rees Peter, Köln: 36, 43, 51, 59, 63, 64, 68, 72, 77, 90, 92; Südwest Verlag, München: U1/Fond (Dirk Albrecht), U1/Einkl. (Holger Albrich/Ute Schoenenburg), U4 (Bernhard Hecker/Ute Schoenenburg), 40 (Joachim Heller), 85 (Michael Nagy), 89 (Karl Newedel); Transglobe Agency, Hamburg: 1, 19 (Markus Hass), 20 (David Ball)

Alle Illustrationen stammen von Theiss Heidolph, Eching/Ammersee.

Register

Likörrezepte

Kräuter- und Heilschnäpse